U0601829

笑傲股市之成功故事

How to Make Money
in Stocks Success Stories

New and Advanced Investors
Share Their Winning Secrets

[美] 艾米·史密斯（Amy Smith） 著

艾博 译

中国人民大学出版社
·北京·

序

《笑傲股市之成功故事》一书中有很多成功的故事，读者应该仔细阅读。作者艾米·史密斯从事投资多年。她说自己之所以能成功投资，主要得益于《投资者商业日报》（Investor's Business Daily，IBD）和 CAN SLIM 投资系统。

几年前，我在《投资者商业日报》的一次大型读者见面会上发言，那是我第一次见到艾米。她是参加见面会的读者。我记得会后她和几个读者留下来多聊了一会儿。我看得出艾米对股市的运作方式已经有所了解，其他几位读者也都很精明。

第二次见艾米，是因为我的一位合作伙伴想聘请她任职，问我要不要一起见见她。在面试中，艾米对答如流，而且非常强调《投资者商业日报》和 CAN SLIM 方法对成功投资的作用。我们当即录用了她，让她出任《投资者商业日报》读者俱乐部主任一职。几年来，她策划了许多次读者见面会，跟数千名投资者交谈，学习他们的经验。

    本书可以顺理成章地成为拙作《笑傲股市》的续篇。在书中，艾米收集了多个案例——专业人士也好、普通投资者也好——均为成功案例的典范。她把学习投资的过程与学习跆拳道的过程作了比较，形象地解释了从菜鸟初学基本功到成为黑带高手的过程。我觉得书里充满了智慧与新意，可供读者学习如何成功投资。书中提到的成功人士也分享了他们如何起步，如何摸索到自己的取胜之道，如何发现自己的长处与弱点。这些都是非常有用的知识。这些成功人士也告诉艾米，他们觉得学习投资所用的时间和精力都非常值得，投资改变了他们的人生。

    我坚信，读者如果细细研读这本书，吃透里面介绍的方法，也会获益匪浅。艾米和书中提到的成功人士都已将自己的经验公之于众：只要你真的迫切想成功，就一定能够成功。我也相信，你能够做到。方法有了，你随时可以来学、来吸收。但是要不要开始学，还取决于你。

    请记住，投资并非易事，但是如果你下定了决心，想学习从股市赚钱，那么，你的决心和专注就是你成功的基石。不过，你是不是觉得学投资挺费事的？或者现在读这本书的时候，仍然犹豫不决？我和艾米都有资格对你说：这是可以改变人生的机会，不要与它失之交臂！这话会不会说得有点过？不会！因为已经有成千上万的人通过这样的投资系统取得了成功；能够让你犹豫不决、停滞不前的只有你自己的怀疑和不愿意尝试的心态。

    或许这本书可以给你一点鼓励，因为书里介绍了一位女士，在丈夫去世后不久，她也失业了。现在，她已经在经济上获得了独立。对于投资，刚开始的时候，她没有任何经验，不过她敢于接受挑战，最终获得了成功。从艾米与这些成功人士的会谈中，读者可以了解到，成功人士在一开始都没有经验，并且没什么钱。即使是她采访的几位专业人士，刚开始的时候对投资也不太了解。读者可以学习他们的方法，看他们是如何改正自己的错误、克服自己的犹豫的。从这些人当中，读者也许可以看到自己的影子，也许会觉得投资是值得做的事情。

我不想让读者觉得因为我已经从事投资多年就与读者大不相同。我刚开始学习投资的时候没有任何经验；艾米没有，书中提到的很多人也都没有。投资并不专属于精英阶层，也不是遥不可及的事情。如果你这样想，那就大错特错了。你最大的挑战就是自己的怀疑和犹豫。希望你能够接受挑战，向自己保证，要坚持下去，并且保持坚定的信心，保持积极正面的态度。这样的话，成功就离你不远了。读完这本书，看看你是不是觉得备受鼓舞。我看完之后，想让读者知道，想成功的人，希望就在眼前。你能做到！

我们会在投资的路上为你提供帮助。

祝一切顺利。

威廉·J·欧奈尔
《投资者商业日报》创办人兼总裁

赞 誉

我将《2004 年股票交易者年鉴》赠与比尔·欧奈尔，因为他在股票市场投资中的远见、创新和严格执行原则，将会影响未来许多投资者和交易者。

——耶鲁·赫西，《股票交易者年鉴》主编，出版

人，著有《让我们改变世界公司》

如此有价值的内容在别的地方是找不到的。继续加油！

——约翰·柯利，甘内特公司前 CEO，《今日美国》

创办人兼主编

过去 25 年中欧奈尔对许多个人和机构投资者的贡献，已经得到了历史的肯定，曾经是这样，今后仍然会这样。

——约翰·博伊克，著有《从有史以来最佳股票

交易者身上与超级股票中学到的经验教训》

25 年来，欧奈尔创刊的 IBD 帮助成千上万名读者更好地进行投资。祝贺比尔·欧奈尔和他的明星

团队！

——加布里埃尔·威兹德姆，财经电台《加布里埃尔·威兹德姆秀》主持人

我总是能够借助你们提供的精准图表和精辟总结来了解交易日发生的主要事件。希望你们再接再厉。

——弗兰克，J.，俄亥俄州投资经理

在股市中犯了许多错误之后，我才彻底地信服了 CAN SLIM 投资方法。我获得的最大利益是在熊市低谷的时候持有一大笔现金。如果这都不能让人彻底信服，还有什么能呢？

——罗恩，E.，纽约个人投资者

前　言

不要被环境所改变。你要改变环境。

——成龙

本书中所有成功的故事都是对成龙这句话的注解。你可以有很好的方法来转变你的环境，并且控制你的人生和未来。我在投资方面的经历多姿多彩，为每天都可以接触到一个完全不同的世界而感到高兴。

我在大学里学的是戏剧，还做过多年私人健身教练，对股市没有任何概念。有一天，一位客户问了我一些关于新流行的营养饮料的事情。那位客户非常兴奋，说可能可以投资那家公司的股票。当时我对股票一窍不通，所以买了一份《投资者商业日报》来看看，研究研究那家公司。

在根据客户的"热股推荐"查资料的时候，我看到了一则广告，说《投资者商业日报》的创办人兼总裁威廉·J·欧奈尔要举办一个免费的读者见面会，我报名参加了。在会上，比尔（即威廉的昵称）

谈了股市与股票，深入浅出，我听得很明白。他介绍了一些有创意的公司，它们生产新产品或提供新服务，非常受欢迎，公司产品销量大、收益高。他讲的这些信息非常合乎逻辑，而且不像是一堆空话，所以我开始订阅 IBD。很快我就了解到 CAN SLIM 投资系统非常好（在本书中读者也会看得到），并且，订阅这份报纸是找到好股票的有效途径！

那个时候，报纸是在傍晚送到的。我每隔五分钟就到窗口看看送到了没有，直到邮差把报纸扔到车道上。然后我就跑出去捡回来，坐在床上看。找到了好股票就划上红圈圈，就像比尔在那次免费见面会上介绍的那样。这报纸不知道帮我找到了多少好股票。

不过，投资是个孤独的旅程，所以，我想找志同道合的人来一起学习和研究，分享经验。于是，我加入了圣莫妮卡读者俱乐部。那个俱乐部让我获益很多，我真希望在几年前就可以参加。我认识了一些投资者，而且与其中的一些还成了一辈子的朋友。我们一直通过电邮联系，讨论股市和表现良好的股票。接着，我开始当志愿者，帮助组织安排会议，后来成了俱乐部的组织者之一。

一天晚上，比尔·欧奈尔也出席了读者见面会，我喜出望外。能见到心中的英雄让我激动万分。我后来还认识了不少 IBD 的人，最后比尔给我介绍了份工作。我非常荣幸能和比尔以及他的同事们共事，他们都非常敬业，为读者提供最佳的知识、最好的投资成功故事。

我在 IBD 的工作包括发展读者俱乐部。我和负责俱乐部的主任蒂姆·里泽尔已经把俱乐部的规模扩大到全美国的范围，因为有太多读者想来参加俱乐部了。通过参与 IBD 读者俱乐部的扩大活动，我从许多投资者那里学到了非常多的知识，受益匪浅。

通过跟这些成功人士的接触，我越来越觉得，应该让更多的读者了解他们的故事。不论你是什么专业背景、受教育程度如何、工作经验如何，也不论年龄大小，你都可以投资成功。我希望这些故事能够给你鼓励，给你启发，帮助你投资成功。

我有两个孩子，他们都是跆拳道黑带选手，我自己也学习自卫术。不用多说，我自己也在练习道场训练了很久。

跆拳道的训练跟投资的训练有非常多的相似之处，所以，我在本书中会用一些跆拳道训练的比喻来更形象地解释投资的概念。

感谢为本书的出版提供过帮助的朋友们，感谢他们愿意向我们讲述他们成功投资的故事。他们的成功故事会给读者巨大的能量和动力。希望读者在阅读过这本书之后，也对投资产生极大的兴趣。

不管你是刚开始学投资，还是已经轻车熟路，我相信这些成功故事都会让你百尺竿头更进一步。

祝大家投资股市成功。

艾米·史密斯

若想联系艾米，请电邮：Stocksuccessbook@investors.com

目　录

第一章

进入练功道场：下定学习投资或想取得更好成绩的决心

师傅领进门，修行在个人。

——中国谚语

初次进入跆拳道练习场，我们都会有些害怕、有些犹豫，不知道会发生什么事情。当黑带教练进入道场，准备授课时，都会大叫一声："全体注意！"

投资新手也会有没底的感觉。投资需要什么素质呢？我真的能学好并成为成功的投资者吗？有经验的投资者可能会想，他们的技术能提高吗？答案是：能。绝对能。几乎每一个人都能学会，能成为成功的投资者，只要他们愿意学习一个已经被证明有效的投资系统，并且遵循一些简单的原则。

有志者事竟成。

——《汉书》

你渴望改变自己的生活，改善自己的经济状况。恭喜一下自己吧，你已经伸手抓住了这个机会。

你的动机可能是为了悠闲地度假、买个房子、准备退休金、为儿孙置办教育基金、享受人生、获得完全的经济独立。如果你愿意学习一个已经被证明有效的投资系统，并且遵循一些简单的原则，那么，你一定能够学会并取得投资成功。

迈克·斯科特失业了，因为国防预算的削减已经影响到加利福尼亚州，他需要找工作挣钱。

卡尔文·史的父亲因为某网络公司的倒闭而变得身无分文，他想多学习一些关于投资方面的知识。

卡萝尔·香迪尔不想再透支她丈夫的退休金了。

杰瑞·鲍威尔 50 岁了，他被安排了新的工作，每天有 60％的工作时间得在路上奔波。

阿罗哈·迈克觉得自己的白领工作没有出头之日。

蒂姆·陶布想要落实好自己的退休基金。

汤杉·鲍德温的经济状况在网络公司倒闭潮中受到打击，当时他在阿根廷从事人道主义的活动。

凯瑟琳·菲利普斯患上了多重硬化症，只能在家里工作。

盖伊·沃尔什的个人退休账户里的钱越来越少。

安宁多·马君达想辞掉白领工作，多花时间跟家人在一起。

卡特里娜·昆西的父亲留给她一笔遗产，但她在 2008 年的漫漫熊市中损失惨重。

巴拉尼从事的是电脑信息产业的工作，他想增加收入。

布莱恩·冈萨雷斯想要还清他的助学贷款。

珍妮·麦格鲁眼睁睁看着一位投资顾问把她丈夫的退休金一点一点花光，她觉得自己都可以经营得更好一些。

陈庆权想要获得经济上的独立。

芭芭拉·詹姆士的丈夫去世了，自己的工作也没了，她得想办法获得收入。

我们的信心决定了我们的能力。

——马克·比绍，冲绳空手道教练

大多数人投资股票都赔了钱，但其实完全可以避免这样的结局。

大多数人都不相信，但还是可以算准进场时间的。或者说，如果你能遵循几条简单的原则，最重要的一条就是跟着股市的大方向走，那么，你就能够把成功的概率提升到对你比较有利的状况。

"买进、持有"这种操作方法历来被证明是不太行得通的。由于采取了这种投资方法，2007—2008 年熊市期间，很多投资者损失惨重，不仅个人账户有损失，还损失了许多退休金账户上的钱。很多"婴儿潮"时代出生的人都靠投资养老，不过这些投资无法满足他们退休后的需求。

个人投资的好处是——你可以随时进场退场，灵活方便，不必像专业投资人那样，有时候为了买进巨大数量的股票，需要好几个月的时间来运作。

《投资者商业日报》（IBD）对1880 年以来的股票数据进行研究，帮助投资者在股市的各个时期进行投资，不论是熊市还是牛市。IBD 还对股市的超级赢家股票和它们在飞涨之前的共性进行了深入的研究。

不要因为自己没有投资方面的知识或者以前失败过就胆战心惊。每个人随时都可以开始投资，即使你以前没有成功，也不意味着你今后不能成功。大多数人在股市赔钱是因为他们没有找到一个可行的策略和系统。很多人买股票只是因为他们喜欢这家公司，或者听了别人的小道消息，或者股价跌了很多，因为便宜而买。

在股市能够制造赚钱效应的是机构投资者。他们在寻找产品销量好的公司。

大家都知道苹果公司成功的故事。2004—2012年，苹果公司极具创造力，创造出极受欢迎的产品。苹果公司的创造力使得公司的营收和利润不断飙升。包括共同基金、银行退休金基金和对冲基金在内的机构投资者对它非常看好。

要找到那些好股票并不像你想象的那么难，它们周而复始地不断出现在股市里。你只要查查历史记录就能看到。不需要内幕消息或者华尔街的亲戚来告诉你，也不需要听电视上的建议。

如果你买到了股市最具价值的股票，而且买了最大的数量，那岂不是太棒了？有一些股票的表现是远远好于平均水平的。

请准备好，开始享受充满兴奋的股市获利之旅吧。条件仅有如下几个：

● 留出足够的时间来分析图表。

● 制定一些原则。

● 遵循一些经过时间考验的规定。

● 愿意面对自己的错误并改正错误。

咱们开始吧！

第二章

白带选手：理解股市趋势
以及进场时间

知可战与不可战者胜。

——孙子

在跆拳道当中，敬礼是礼貌的表现。在投资的时候，投资者必须向股市敬礼，尊重所有的股市趋势。大家都以为进场时间无法把握，其实是可以的。

如果股市不停地上涨，所有投资者都会很高兴，但是股市是循环起伏的，不会一直往上涨。有时候应该进场，追求获利；有时候应该离场，避免损失。

➤ 了解股市走势

了解股市是涨是跌，这非常重要。在上行的股市里投资是成功最重要的要素（从图 2—1 中可以看到纳斯达克市场在 2008—2012 年的走势）。

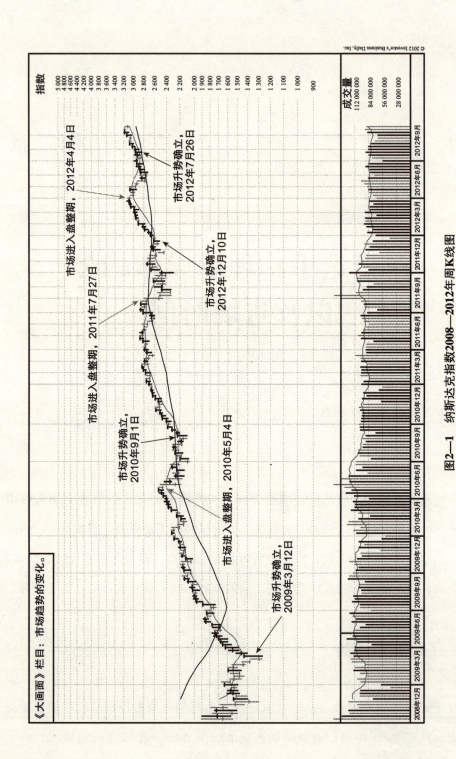

图2—1 纳斯达克指数2008—2012年周K线图

上行趋势是如何产生的

"升势确立日"标志着股票市场走势的一个重要改变——从下行转为上行。

随着一个指数从低谷走出并开始上涨，主要指数中的一个指数的收盘点位会比前一天上升 1.5%，或者有远远超过前一天的成交量。这就说明有机构投资者的钱进入市场，导致各指数以及领军股票上涨。

虽说并非所有升势确立日都有这样的好成绩，但是新的上行趋势绝对有这样的好表现。在强势的升势确立日会有领军股票从盘整区域突破出来（见图 2—2、图 2—3）。所以，在股市盘整期间最好准备好股票关注清单，并从升势确立日那天有突破的股票当中选择一些买进。

如何判断升势已经确立

IBD 的《大画面》栏目中有"股市脉搏"版块，上面会显示三种情况（见图 2—4）：

1. 市场升势已确立（此时为买入股票的好时机）

2. 市场升势受阻（此时应该谨慎，避免新投入）

3. 市场盘整期（市场处于抛售压力之下；此时应考虑保住已经获得的收益，避免新投入）

上行趋势是如何停止的，市场是如何进入盘整期的

某个主要指数出现大量抛售的日子就叫"抛售日"，也叫"盘档期"。大量抛售导致某个指数比前一天下跌 0.2%，且成交量大。在计算升势确立日的时候，CAN SLIM 系统主要依靠标普指数和纳斯达克指数来判断抛售日。

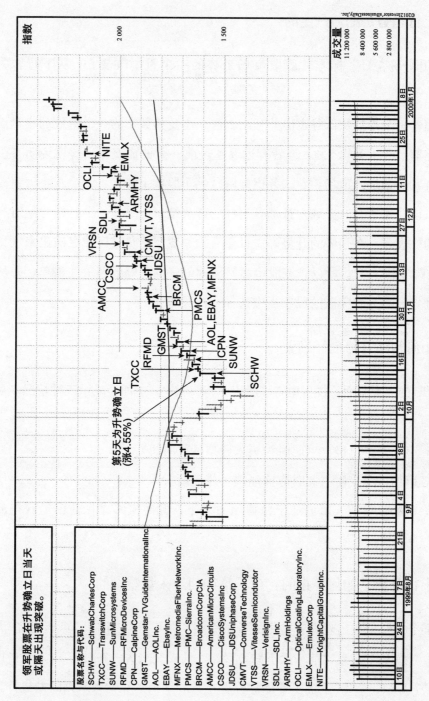

图2—2 纳斯达克指数1999—2000年日K线图

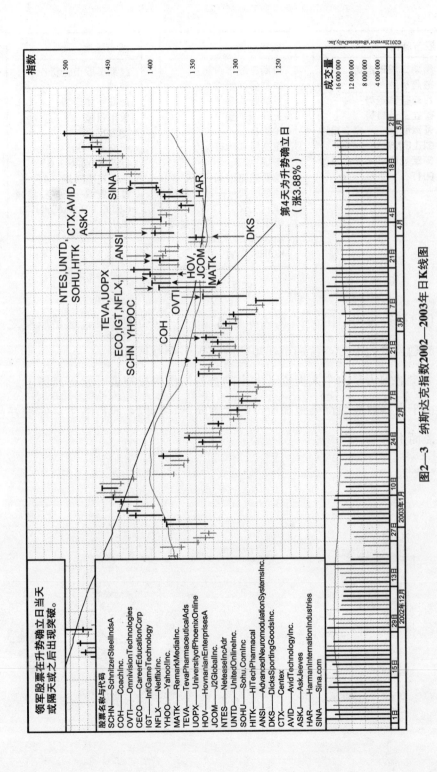

图2—3 纳斯达克指数2002—2003年日K线图

股市脉搏	股市脉搏	股市脉搏
星期二股市走势： 放量小涨 **目前整体走势：** **确立上升趋势** 领军股票——成交易增 CELF,MA,V 领军股票——成交易减 RHT	星期三股市走势： 成交量开始缩小 **目前整体走势：** **上升趋势受阻** 抛售日： 纽交所和标普500 市场：7天 纳斯达克市场：3天 领军股票——成交易增 DG 领军股票——成交量减 ALXN,ALLT,INYN, KORS,SWI	星期三股市走势： 普跌 **目前整体走势：** **股市盘整** 抛售日： 纽交所：8天 标普500市场：6天 纳斯达克市场：4天 领军股票——成交量减 CELG,PR,CMC,INVN, SWI

图 2—4

IBD 研究表明，在 4～5 周内如果出现了 5～6 个抛售日，这足以使之前上行的趋势变为下行，特别是在短期内出现多个抛售日时。

大量的抛售是向个人投资者发出的警告，机构投资者开始要离场了。

由于大多数股票都会跟随股市的大方向走，所以，股市跌了，你最好也别逆流而上。

第三章

上场训练：遵循已被证明有效的寻找赢家股票的策略

一旦学生准备好，老师也就出现了。

——佛教谚语

CAN SLIM 投资系统可以帮你找到股市最好的赢家股票，其方法是看看某只股票在股市以前出现大行情时是否有过类似的特征。

➤ 股市最好的赢家股票有哪些特征

这个问题是 20 世纪 60 年代，IBD 创办人兼总裁威廉·J·欧奈尔提出来的。当时他还是一个年轻的股票经纪人，他研究了自 1950 年以来所有的赢家股票（后来 IBD 研究了 1880 年以来的所有股票）。他不想遗漏任何股票涨跌的细节。虽然当时电脑运用还处于萌芽阶段，但是他毅然聘请了程序员和统计员将数据进行分类，这样就更容易搞懂这些数据的意义了。他独具慧眼，将电脑运用于研究股市数据，这给他带来了巨大的回报。他总结出赢家股票在价格飙升之前有七大共同特性，这就是他总结出来的 CAN SLIM 投资系统，几十年来在投资方面为专业人士和业余人士做出了贡献。

CAN SLIM 这七个字母分别代表七个特性。

C 代表当季每股收益。与上季度相比最少要有 25％的升幅。许多领军股票会有三位数的营收增加。

A 代表每股年度收益增长。增长率至少要达到 25％，越高越好。

N 代表新（新产品、新服务、新管理层或者是估价新高）。

创新型公司的股价高升暗示着机构投资者将会买进。

S 代表供求关系。公众对某产品或服务有大量需求。

L 代表领导力。板块内的领军股票，在营收、利润、股本回报率以及股价动向等方面都表现强劲。

I 代表机构投资者的支持。共同基金、对冲基金、退休金基金以及银行等。机构投资者的资金是推动股价上涨的主要力量。

M 代表股市趋势。在上行趋势股市中买进领军股票，抛出进入盘整期的股票。

· 要点 ·

- 最大的赢家股票都会具备以上七个 CAN SLIM 特性。
- 在上行趋势股市中买进股票。

➤ 何时为买进股票的最佳时间

股票图表上会有价格盘整基底，也叫盘整区域。股票在盘整完毕之后，出现比平均水平高 40% 以上的成交量，我们将这种状况称为"突破"，这就是应该买进股票的时机。买进从基底突破的股票，可以让你成功的几率增加。股市的历史显示，股票在价格飞涨之前，都会有这样的谷底突破。但是买进符合基底条件但已经涨得比较高的股票，风险也比较大，因为股票可能会回落，并且会把你已经可以获得的利益抹去。

通过 CAN SLIM 系统投资的时候，我们主要需要看三个基底形态。

最基本的形态是带柄茶杯形态，如此称呼它，是因为它看上去像个带柄的茶杯 [见图 3—1 (a)]。双重底形态看上去像字母 W，不同处在于该过程中，第二个基底下挫，低于第一个基底 [见图 3—1 (b)]。平底是小幅震荡的基底，因为股市还在消化上一个次的上涨 [见图 3—1 (c)]。

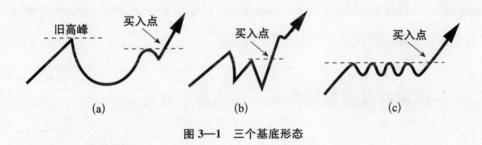

图 3—1　三个基底形态

在股票刚突破基底的时候就买进，可以增加成功的几率。记得要寻找突破时的成交量比平均水平高 40% 的股票。

接着要考虑的重点包括：（1）三周窄幅形态；（股票价格三周内涨跌幅度小，变化率不到 1%。）（2）如果股价第一次或第二次反弹回到十周均线水平，而且成交量小，此时可以买进或补仓。成交量小，说明机构投资者还在持仓，没有大量抛售。

基底阶段

由于股市不断有交易，所以会形成一系列的基底，或者叫盘整区域。极少有股票会在出现突破之后立刻飞扬直上。大多数股票都是先涨一段，然后缓一缓，喘口气，再飙升。

我们把这些基底称为第一阶段、第二阶段、第三阶段，等等（见图3—2）。为什么要计算阶段呢？因为IBD对市场进行了研究，其结果显示，初期阶段似乎比后期阶段更容易获得成功。当股票价格已经大幅上涨，进入了第三、第四甚至第五阶段，这个涨势就非常明显了，大多数的机构投资者已经有钱可以赚，准备卖出获利了。

这条原则当然有例外情况。有些股票在之后的阶段还会继续上涨，但是投资者应该控制好胜算的几率。Netflix这只股票在上涨的过程中就出现过多个基底。你应该找处于初期阶段的股票。

➤ 一种将这些信息整合到一起的简单方法

确定股市趋势的方法

1. IBD的《大画面》栏目上有"股市脉搏"版块，可以查看目前股市趋势介绍（见图3—3）。

2. 观看每日《股市总评》视频，密切关注股市动向以及领军股票的情况。网址为：http：//investors.com/IBDTV.

```
股市脉搏
─────────────
星期四股市走势：
缩量下跌
┌───────────────┐
│目前整体走势：    │
│确立上升趋势      │
└───────────────┘
抛售日：
纳斯达克和标普500市场：2天
纽交所：1天

领军股票——成交量增
QCOR,SQM

领军股票——成交量减
UNP,CNI,KSU,IPGP
```

图3—3

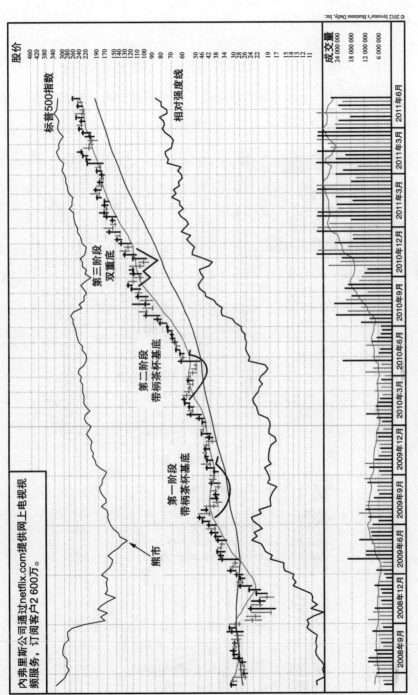

图3—2　内弗里斯公司2008—2011年股价周K线图

寻找最活跃股票的方法

1. 看星期一和星期三的《IBD50 排行榜》（见图 3—4）。

2. 观察版块下面的"小图表"（见图 3—5、图 3—6），找出股票基底形态中理想的买入点。

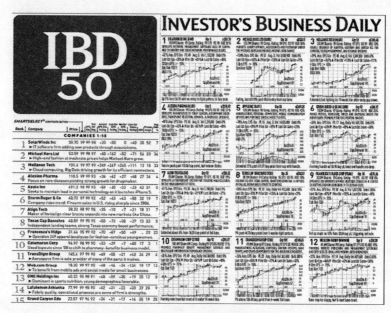

图 3—4 《IBD50 排行榜》

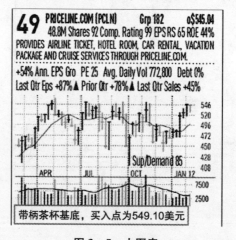

图 3—5 小图表

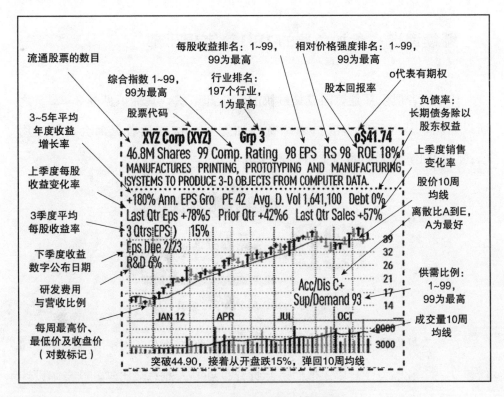

图 3—6　如何阅读 IBD 的股票图

需要从图表上看出什么内容

收益增长。最好是两位或三位数，越大越好。

销量增长。上个季度的增长要比去年同期至少高 25％。

股本回报率。至少要为 17％，市场领军的股票应该高出更多。这可以体现公司资金有效运用的程度。

再查看《股票动态》一栏，看看哪些股票当天有大量成交（成交量大说明有机构投资者的介入）。

密切关注股市动向。看《IBD50 排行榜》和《股票动态》栏目中最活跃的股票。

17

➤ 继续深造：参加免费的 IBD 读者俱乐部

IBD 读者俱乐部是美国成长最快的俱乐部组织（其标识见图 3—7）。之所以如此，是因为很多成员都踊跃参加每月一次的读者见面会，讨论用 CAN SLIM 系统进行投资而获得了成功。

图 3—7　IBD 读者俱乐部标识

在读者见面会上，大家通常会讨论目前市场的动态、领军股票，还有如何建立一个股票关注清单。他们还会听 IBD 创办人兼总裁比尔·欧奈尔设计的一堂课，并讨论问题。较有经验的投资者会帮助新手学习这个投资系统，协助他们获得成功。

卡特里娜·昆西住的地方没有 IBD 读者见面会，所以她每个月通过网上论坛参与活动。论坛的名字是：芝加哥/拿帕维尔 IBD 读者见面会。她说："这个论坛会议内容非常具体，让我学到了很多东西。"通过网上的论坛，她认识了许多其他投资者，他们通过电子邮件来讨论股市行情和领军股票。

盖伊·沃尔什是电视撰稿人，她想更有效地利用她的钱，所以她参加了南加利福尼亚州的几个 IBD 读者俱乐部。她觉得参加了这么多读者见面会，对她学习投资非常有帮助。她说："看别人解读股票图表非常有帮助。撰稿人的生活不太稳定，我希望在退休的时候有生活保障。IBD 读者俱乐部是我的重要资源。"

卡萝尔·香迪尔说："从 2010 年 6 月开始，在千橡树地区的每次读者见面会我都参加了。我太幸运了，有最好的指导老师来帮助我，比如迈克·斯科特还有杰瑞·萨米特，我学到了很多东西。"

普拉宾·比希奥依是 IBD 的高级软件工程师。每次读者见面会之后他都会给读者俱乐部成员发一份通讯，总结读者见面会讨论的内容，还从会员的股票关注清单上选出并分析的股票。

他是读者俱乐部的负责人，他还让成员们在两次读者见面会中间开展智力竞赛，巩固好学习的要点。他还让成员们参加一个模拟股市投资的项目，看看他们在读者见面会上关注的股票能获得多少收益。普拉宾说："对于股市我也有许多东西要学，我也努力工作，希望能帮到 IBD 读者俱乐部的成员们。"

丹尼斯·威尔伯恩是 IBD 读者俱乐部下属的"海湾地区造钱俱乐部"的负责人。该组织的宗旨是"致力技术分析，通力合作，通过遵循 CAN SLIM 投资技术，获得经济独立"。读者见面会开始的时候，会先讨论股市趋势，列一个最佳股票的关注清单，然后确定几个进场点和离场点，这都是根据《IBD50 排行榜》来做的。他学过很多种投资方法，最后发现《IBD50 排行榜》是寻找表现最佳的股票的仓库。这里是大鱼最多的地方。如果你牢牢遵守投资的原则，跟着股市的趋势走，你可以做得非常好。这是因为《IBD50 排行榜》所列举的股票是经过严格筛选的 50 只最活跃股票。

诺姆·郎奥已经 80 岁了，老当益壮，他是加利福尼亚州圣莫妮卡地区 IBD 读者俱乐部的负责人。这个俱乐部是美国最早创立的俱乐部之一。最早，诺姆在星巴克咖啡厅举办活动。后来在 2003 年的时候转移到一家名为可可的店中。诺姆非常热衷志愿者的工作，喜欢在社区里帮助别人。他认为，如果能发起一个 IBD 读者俱乐部，他可以联系上其他投资者一起来讨论股市股票，"互相学习"。诺姆一直是个好老师，并且在圣莫妮卡地区辅导了不少IBD读者俱乐部的负责人，其中包括迈克·斯科特——千橡树地区的负责人；约翰·马科尔——帕萨登纳地区的负责人；舍曼·内夫和路易斯·加布里埃尔——谢曼橡树地区的负责人，以及负责其他几个俱乐部的杰瑞·萨米特。

泰德·勒普拉是IBD全国讲师兼培训员。他在全美国250个俱乐部都讲过课。他说："投资是个最好的机会。每个人都可以从股市获益。"泰德有非常丰富的经验，他意识到大多数人都没有太多时间，所以他在俱乐部上课的时候，有一套非常直接有效的固定套路：

1. 首先，泰德根据《大画面》栏目，概述整个市场的趋势。他根据"股市脉搏"栏目挑选成交量增加的股票，并给出一个关注清单（见图3—8）。

股市脉搏

星期三股市走势：
放量小涨

目前整体走势：
确立上升趋势

抛售日：
纳斯达克和标普500市场：2天
纽交所：1天

领军股票——交易量增
SHW,QIHU,POLARIS,
GNRC,DKS

领军股票——交易量减
QCOR

图3—8

2. 接下来，他把从《股市脉搏》栏目挑选出来的成交量增加的股票，与《速查表》（见图 3—9）上的排名靠前的股票进行比较。这样一来，他每天都可以挑出可以添加到他的股票关注清单上的新股票。

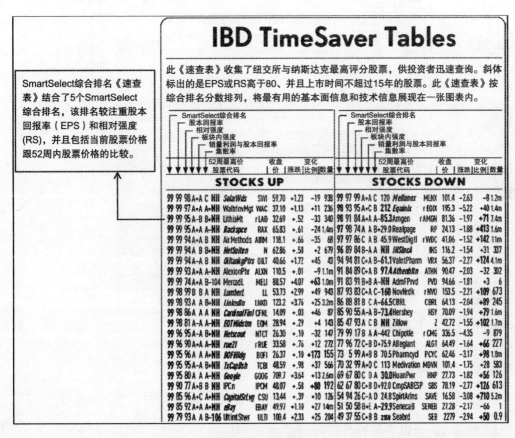

图 3—9　《速查表》

3. 第三步，泰德让大家在 Investors.com 网站上看《股票医生》栏目（见图 3—10），这是快速核对股票在其所属板块相对强弱的方法，包括收益、销售，以及其他主要基本面数据。

4. 最后，泰德研究图表，看看某只股票是不是处于从基底开始寻求突破的状态。

周末的时候，投资者可以看 IBD 的专栏特写，再跟他们的选择进行

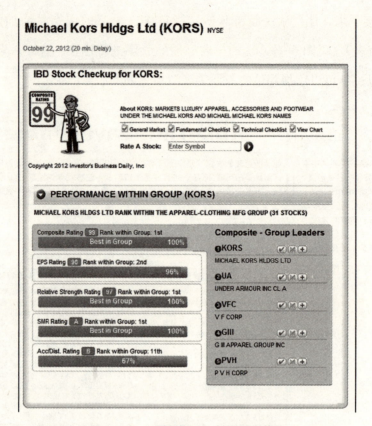

图 3—10 《股票医生》栏目网页截图

比较。

泰德说："建议用这样的固定套路来研究《股市脉搏》里面的股票，时间多的人，可以多研究几只股票。"

网友 Rao，N. 说："我学了很多关于 CAN SLIM 的事情，泰德的分析套路和 IDB 读者见面会都非常重要。"

请登录 http：//www. investors. com/Meetup，参加免费的 IBD 读者见面会。

第四章

提升级别：每次只打一个胜仗

机会出现的时候，就是可以出击的时候。

——一心流空手道心诀第六条

在跆拳道学习当中，通常用腰带的颜色来表示学员进步的情况。在提升级别之前，学员要接受技能、知识以及注意力方面的考核。每晋升一级，学员的能力以及对跆拳道的理解都加深了一层。在学习投资的时候，投资者也通过遵守原则进行成功交易，来磨炼他们的投资技巧。

➤ 通过 IBD 来寻找赢家股票

《IBD50 排行榜》

《IDB50 排行榜》列举了 50 只股市最活跃的股票，每星期一和星期三在 IBD 上公布。公司上榜的条件是收益较好，股价表现强劲，并且是它们所在行业的领军股票。

史蒂芬·科尔

史蒂芬是个律师，非常忙，他还是加利福尼亚州萨克拉门托 IBD 读者俱乐部的负责人。他每周的固定功课是看《IDB50 排行榜》，寻找处于第一或第二阶段基底的股票，而且公司收益增长率要达到 25％ 或更高，股本回报率要高于 17％（股本回报率显示的是公司对其资金的有效运用程度）。史蒂芬根据小图表及其下方的潜在买入点的描述，设立了一个关注清单。他在交易账户上设了一个提醒装置，如果股票达到某一个价位，该装置会提醒他。

史蒂芬 2012 年 4 月买进 Transdigm 集团的股票，到年底的时候，他已经取得了 14％ 的收益。

· 要点 ·

- 看《IDB50 排行榜》，查找处于第一或第二阶段的股票。
- 公司当季收益增长率必须达到 25％ 以上。
- 股本回报率至少为 17％。
- 《IDB50 排行榜》下方的小图表可以帮助确认潜在买入点。

斯图尔特·奥维安

斯图尔特是加利福尼亚州北部马林县 IBD 读者俱乐部的负责人。他对成员们强调，如果市场出现了一个升势确立日，就必须买进至少一只股票。他说："这种做法可以让你在精神上感觉良好，因为你此时已经进场，而不是在升势确立日之后才来进场。"他从《IDB50 排行榜》选出 4～5 只基本面极好的股票列入他的关注清单。他买的埃里克森药业的股票就非常成功，收益增长为 48％，销售增长为 44％。斯图尔特是在 2011 年 12 月买进该股的，到 2012 年 3 月卖出时他赚了 20％。

· 要点 ·

- 在升势确立日至少买进一只股票。
- 从《IDB50 排行榜》中挑选基本面极好的股票来建立关注清单。

泰德·斯陶

泰德曾是医药行业的高管，现已退休，住在佛罗里达州。以前他因为工作关系走遍了世界各地，没有什么时间关注股市，不过他一直对股市感兴趣。在开始看 IBD 并遵循 CAN SLIM 投资系统进行投资之前，他认为，如果股价开始下跌了就买进，应该可以赚大钱。他看 IBD 之后，了解到股票便宜是有原因的，于是开始寻找收益好而且即将反弹到 10 周均线的股票。他买的第一只成功的股票是韦伯网络集团的股票。该股 6 月份开始上涨，成交量很大，于是泰德买进。7 月份的时候，泰德把股票卖出去，赚了 25%。这是他的第一次成功。他说他刚开始时对 CAN SLIM 投资系统缺乏信任，但是"这第一次的胜利让我对 CAN SLIM 系统信心倍增"。

· 要点 ·

- 根据《IBD50 排行榜》寻找收益好、即将从 10 周均线处开始突破的成交量小的股票。成交量小说明机构投资者还没有抛售。

阿西西·戴夫

阿西西是 1996 年开始学习投资的，那时他还是个年轻的工程师。他经常看到老板看完 IBD 之后就将它扔到纸篓里。阿西西对股市挺感兴趣的，于是就从纸篓里捡起老板扔掉的报纸。他觉得通过 IBD "找好股票非常简单"。他有了兴趣，于是开始读《如何从股市赚钱》（即《笑傲股市》），还参加了几个 IBD 的培训。不在《IDB50 排行榜》上的股票，阿西西绝不买，因为他觉得股票只有上了《IBD50 排行榜》，成功的几率才比较大。阿西西开始密切关注排名前 25 位的股票。他比较喜欢举债较少的公司，回报要高于 35%，而且相对强度线要比较强，还要创新高（相对强度线是把股票的表现跟标普指数的表现进行比较得出的一条曲线）。2011 年 10 月，阿西西通过这些基本条件找到了太阳风能公司的股票，到 2012 年 9 月中旬的时候，他赚了 122%。

・要点・

- 关注《IBD50 排行榜》排名前 25 位的股票。
- 找举债少、回报高、相对强度线较强又创新高的股票。

➤ 股票动态

巴拉尼・拉马穆迪

巴拉尼是 IT 专业人士，他白天工作，没有太多时间关注股票。他在休息时间会上 Investors. com 网站查《股票动态》，看哪些股票的成交量大于市场平均交易量，而且有价格的起落。成交量大就说明有机构投资者买进（参阅 IBD 特有的"成交量与变化百分比"，即"Volume % Change"）。他经常会由此找出可以放进关注清单的股票。

巴拉尼观察到拖拉机供应公司的股票出现连续 3 周的窄幅震荡，他于2012 年 3 月买进，获利 20%。

・要点・

- 在 Investors. com 网站查《股票动态》，看哪些股票的成交量大于平均水平。

➤ IBD 视频以及每周广播

布莱恩・冈萨雷斯

布莱恩是 IBD 负责发展读者俱乐部的职员。初学 CAN SLIM 系统时，他说："我找到的最有帮助的工具就是 Investors. com/IBDTV 的《股市总评》视频，因为它帮我掌握每日股市行情并了解最活跃的股票的情况。"

他还看《每日股票分析》视频（见图 4—1），学习分析股票图表，并进一步了解最需要注意的一些基本要素。

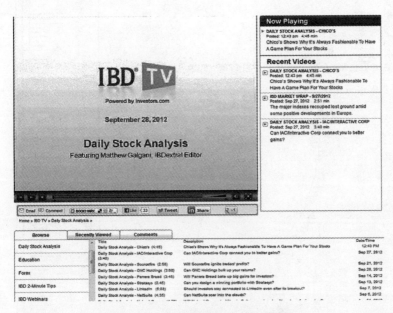

图 4—1 《每日股票分析》网页截图

通过看视频，布莱恩关注到摇钱树公司的股票图表上的一些动态（见图 4—2）。他对这家公司比较了解，因为他妹妹经常从这家公司的店里买办公用品、装饰品，她孩子的生日派对用品也是从那里买的。

于是布莱恩决定到店里去调查一番。他觉得摇钱树公司的商店让他想起了塔吉特公司的商店，只不过规模小一点。他还注意到商店的服务员很友善，有不少产品老少咸宜。店里还卖鲜花、清洁产品、厨房用品、工具、健康与个人保洁用品，以及食品，价格都很合理。

研究了图表和一些基本要素之后，他在股价突破 10 天均线时，即 2011 年 3 月 1 日，买进了这家公司的股票。到 5 月 8 日股票进入盘整阶段时，他卖出并获益 12%。

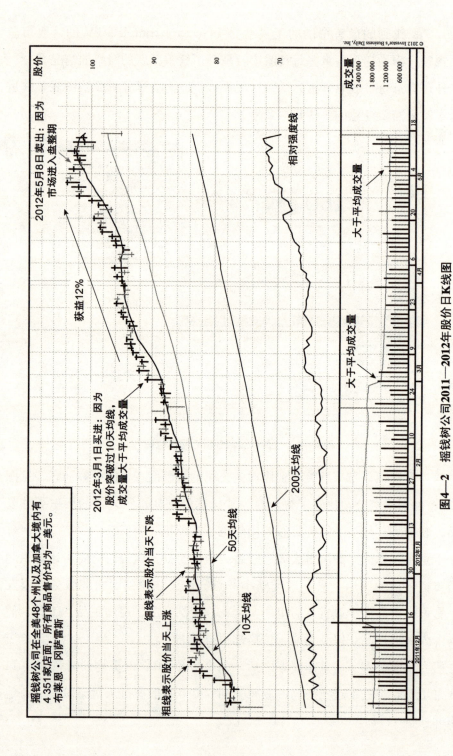

图4—2 摇钱树公司2011—2012年股价日K线图

28

> **· 要点 ·**
>
> ● 观看《股市总评》和股票分析的视频，寻找最活跃股票；提高分析解读图表的能力。
>
> ● 如果在盘整期开始的前夕进行交易，有时候会造成收益较少。

杰森·达阿莫

杰森之前在客服部，后来才成为负责发展读者俱乐部的职员。他说，听每周的 IBD 广播让他牢牢掌握了 CAN SLIM 的一些原则，特别是在他刚开始学投资的时候。

除了在读者俱乐部的工作，周末的时候如果有 IBD 培训项目，杰森也去帮忙。他说："这使我有机会听 IBD 最好的讲师讲课，如贾斯丁·尼尔森和斯科特·欧奈尔。这两位讲师都曾跟威廉·欧奈尔一起工作过，所以，听他们讲投资成功的秘诀，让我觉得非常兴奋，这让我更深入地了解了 CAN SLIM 系统。我第一个投资成功的股票是露露柠檬运动器材公司的股票。那只股票出现了一个 3 周窄幅震荡的图形（见图 4—3）（3 周内每日收盘价起伏在 1％之内）。我是听 IBD 广播才第一次听说露露柠檬公司的。我等它在盘整之后开始突破，然后买进。我对那只股票有信心，因为我去它们店里调查过，对它们产品的质量很满意。"

> **· 要点 ·**
>
> ● 参加 IBD 培训。
>
> ● 每周收听 IBD 的《如何从股市赚钱》的广播，网址：Investors. com/radioshow。

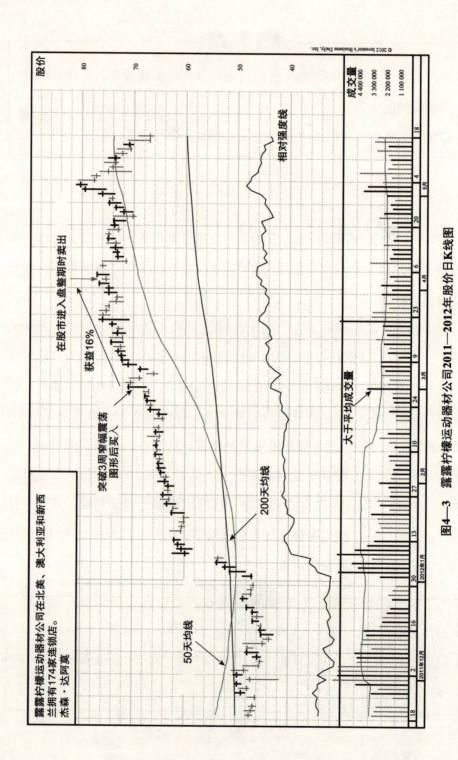

图4—3 露露柠檬运动器材公司2011—2012年股价日K线图

凯文·戴

凯文 2004 年就开始订阅 IBD，不过，他说，参加了圣荷西读者俱乐部之后，他的成绩开始突飞猛进。"我开始学到如何更有效地利用这份报纸来寻找好股票。"他说："我开始认识到升势确立日的重要性，并且立即开始关注从基底突破的股票，因为这些股票通常都会变成最活跃的股票。"

他还通过看报纸的几个专栏来寻找股票，他特别喜欢的是《行业主题》栏目，并从中找到最佳行业中表现突出的股票。凯文还参加过几个 IBD 高级培训班，并在班上与大家分享了自己的想法。

凯文这五年的累计获利率为 580%。

· 要点 ·

- 交易时要放下自我。心态非常重要。你必须保持无偏见，态度灵活。
- 遵守市场规则。
- 确立固定的套路，这会让你永不懈怠。

第五章

踢沙袋：学会"接受损失、尽快抛售"原则

疼痛是最好的老师，但是没有人想去选修这门课。

——跆拳道名师崔泓熙

在学习跆拳道的时候，反复踢沙袋是一切技巧的根本。在学习投资的时候，每位投资者必须学习的重要内容是：尽量让损失最小化，并且迎接下一个交易。杰西·利弗莫尔是一位股市传奇人物，他说："接受损失，不要再多说。"

在股市中，没有人能做到100%永远正确。华尔街著名交易人伯纳德·巴鲁克是美国多位总统的政治顾问，他的话非常正确。他说："如果股市投机分子能有一半交易决策正确，他正确的概率就已经很高了。如果投资者在犯错之后，能够头脑清醒地止损，即使他10次交易只有3～4次正确，也可以给他带来不小的财富。"

在股市赚大钱的秘诀在于进场时间正确，同时，在判断错误之后尽量减少损失。

比尔·欧奈尔在《笑傲股市》一书中说通："如果你在投资的时候犯了错误，你必须意识到这个错误，并且毫不犹豫地卖掉这只股票。你怎么知道自己买错了呢？股价跌破你的买入价时就是了！"

CAN SLIM 投资系统最重要的原则是：当股价比你的买入价低 7% 或 8% 时，卖掉止损。投资最关键的是保住你的本钱。

举例说明，如果你的买入价是 30 美元一股，那么，在它跌了 8% 的时候，即股价为 27.60 美元的时候，你必须抛售。但是你并不需要等到股票下跌 8%。若股市对你不利，你可以通过牺牲小利益来做到止损。例如，你可以在股价跌了 4% 或 5% 时就开始抛售。要诀就是尽量减少损失。

严重的损失需要巨大的利润才能够回本。

- 损失了 25%，需要盈利 33% 来回本。
- 损失了 33%，需要盈利 50% 才能回本。
- 损失了 50%，需要盈利 100% 才能回本。

犹豫的人，停留在地平线上原地不动。

——森西·埃德·帕克

当出现损失的时候，必须当机立断地抛售。不能犹豫。仔细想想，如果你忍痛卖出了，你的账户里就有钱可以继续投资了。有了这样的安排，就等于你定下了抛售的底线。这还能帮你控制住自己的情绪，避免在出现惨重损失之后不能自拔。

➤ 简单的抛售原则

如果你能获利 20％～25％，立刻售出，除非某只股票在 2～3 周内就上涨了 20％，如果是这样，必须在它突破后保留 8 周。IBD 的研究显示，有些股市中最活跃的股票会先出现一段飙升，稍后接着猛涨，所以，要保留这些潜在的猛涨股票，这非常关键。

我们鼓励将大多数股票在获利 20％～25％的时候售出，因为很多股票会放慢上涨的脚步，调整一下收益，储备能量再进行突破。

如果有以下现象，那么股票就可能涨到顶了：

1. 出现段时间内的新高。在股票周 K 线图上，如果某周的进展很大，而且净增长值大，那么就得考虑把它买了。

2. 跌破 50 天均线且成交量大。如果某只股票的价格明显低于 50 天均线，并且在那一周收盘时成交量比较大，那么就得考虑抛售这只股票。原因可能是机构投资者已经不再支持这只股票了。

3. 当天股价高涨。如果某只股票当天的涨幅比这一波上涨中任何一天的涨幅都大，那么你就得小心了！这样的情况通常在股价接近顶部的时候出现。

4. 当天成交量非常大。股价触顶的当天可能是这一波的上涨中成交量最大的一天，特别是在由于成交量大而导致价格反弹的当天。

5. 抛售的迹象。连续多日大成交量或者某日成交量极大而股价无反弹，这可能是机构投资者抛售的迹象。

6. 多日连续下跌。对多数股票来说，如果在几周内出现连续下跌的天数多于上涨的天数，这可能说明股价已经从顶部开始往下跌了。此时，你可能会看到连续 4～5 天下跌，然后有 2～3 天的上涨；而之前，你可能看到连续 4～5 天上涨，然后有 2～3 天的下跌。

成交量小以及其他的疲软反应：

1. 股价创新高，但成交量小。可能有些股票股价创了新高，但成交量却较小。这种情况说明大投资者已经对这只股票失去兴趣。

2. 当天股价猛跌。如果某只股票已经上涨了一段时间，却突然在某天出现股价猛跌且大于近期的跌幅，如果还有其他下跌迹象，那你就得考虑抛出了。

3. 股份低于 10 周均线。如果某只股票已经上涨了很长的一段时间，又出现收盘价低于 10 周均线的状况，并且徘徊长达 8～9 周之久，当周收盘前设有上涨或涨过平均线，那你就得考虑抛出了。

不要被震荡吓坏而过早出局。你买进的股票有 40％都会逼近你的买入点（也叫杠杆点），有时成交量还比较大，持续一两天之久。这样的价格暴跌属正常，不要太担心。只要你的止损点没有到（低于买入价的 8％），就按兵不动，保持耐心。有时候，一只股票需要几周时间才能慢慢涨到一定程度。耐心才能赚到大钱。

第六章

消灭对手：自我的障碍

> 剑道与禅道无二，目的均为：消灭自我。
>
> ——山田次吉郎

控制住自己的情绪是成为成功投资者的最关键要素，也是最难实现的要素。如果你把钱作为赌注来投资，那么你很自然地就会有情绪上的挣扎，于是很容易就会做出错误的决策。投资者需要学会应对的情绪包括：希望、恐惧与贪婪。

➤ 希 望

珍妮·麦格鲁对股市有一种天生的好感。部分原因是她平常就是个乐观积极的人。她总是开开心心的，这样的性格当然好，不过很容易给她在股市中带来麻烦。珍妮常在该抛售的时候持仓不动，因为她觉得"非常有信心，今后市场会越来越好"。由于持这种过度乐观的态度，她错过了在一些大涨势中的获利机会，没能在股市开始盘整的时候抛出。投资者必须注意，主要的股票价格都是随股市的涨跌而起伏的。

珍妮后来意识到，没有原则是不行的，所以，她定下了自己的纠错方法，即"重点关注股市的整体动向，因为这会决定投资成功与否"。现在，珍妮在做投资决策之前，都会关注股市整体动向。

➤ 恐　惧

害怕损失是股票投资中非常普遍的心理，投资新手尤其害怕。布莱恩·冈萨雷斯刚开始学习投资的时候，总是紧张兮兮的。冈萨雷斯负责发展 IBD 读者俱乐部的同事杰森·达阿莫承认自己在开始投资的时候，"非常担心会损失已经赚取的回报"。他说："只要股票跌了几个百分点，我就会快速抛出几只股票，但是我出手过早，因为我怕会损失太多。"

为了减轻他们的恐惧，避免情绪化交易，他们在交易账户上预先制定了抛售提醒点，即低于他们买入价的 4%～5%。因为制定了这个提醒点，即使他们买进的股票表现不好，他们的损失也不大。这样做，他们也就不需要在股市开盘期间不停地关注股价了。他们两个人学到的最重要的事情是：需要制定原则，并且遵守原则。布莱恩说："定好原则我就安心了，我再也不恐惧了，也就没有了心里没底的感觉。"他见过朋友没有原则没有章法地盲目投资，也看到他们在股市里损失惨重。布莱恩说："他们随便扔个飞镖出去，希望射中能上涨的股票，这种做法非常危险。"

➤ 贪　婪

简纳迪·库珀斯坦早在 20 世纪 90 年代上大学时就开始炒股了。那时候他刚 18 岁，年纪轻轻就被封为"股神"。当他的同学朋友们在喝啤酒的时候，他在楼上宿舍里研究股市图表。到 2005 年的时候，他的投资组合的价值已经超过 200 万美元，但是后来他有点贪心，接着开始损失惨重。他承认有时会赚很多钱，不过有时又会全部输掉，因为他没有遵守抛售股票的原则。

简纳迪的赚钱欲望导致他忽视了市场的整体走向。由于他的投资组合受创，他开始调整自己的抛售价格点，如果低于买入价他就卖出。在股市动荡比较厉害的时期，简纳迪对交易控制得比较紧，卖出比较快。他说："情绪可能会严重影响你的状况。并且，如果你没有定好原则，错误的决定通常会导致更坏的决定。"

➤ 千万不要爱上某只股票

凯瑟琳·菲利普斯在 90 年代的时候，有个较有规模的投资组合，价值高得让人吃惊。那个时候，她持有强势公司的股票，如思科、英特尔、微软以及其他高科技公司（英特尔公司 1996—2001 年股价周 K 线图如图 6—1 所示）。那是个梦幻投资组合，她觉得这个组合的价值可以再往上涨。但是她出了状况，她爱上了这些股票，因为它们曾给她带来巨大的回报。凯瑟琳没有意识到熊市来的时候会是怎样的惨状，也不知道如果整个股市都面对巨大的抛售压力，她的那些股票会做怎样的盘整。最终，她赚的钱大部分又赔了进去。

如今，凯瑟琳对股市的周期有了更好的认识，她也制定了自己的原则以保证自己的股票能获利，并发誓"再也不会爱上某只股票了"。

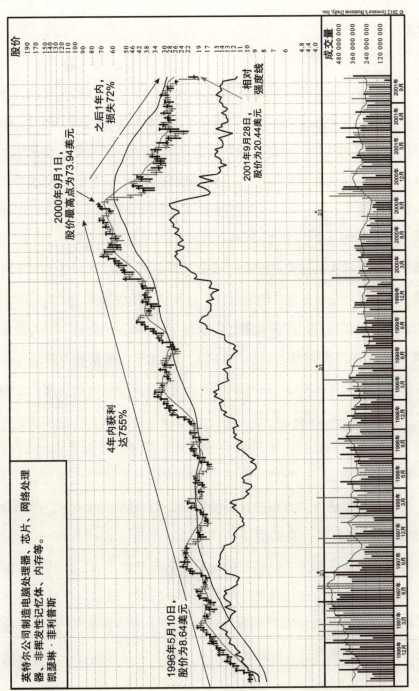

图6—1　英特尔公司1996—2001年股价周K线图

➤ 坏习惯

李·坦纳说,他的坏习惯是 90 年代的时候形成的。在那个时候,投资相对比较简单,如果你投资出错,市场也不会给你太多的惩罚。当时,他用 CAN SLIM 系统挑选出一些好股票,也的确好好地赚了几笔,但是他"比较懒散,不太遵守抛售原则"。JDS 公司的股票是他投资过的比较成功的一只股票(JDS 公司 1996—2001 年股价周 K 线图如图 6—2 所示)。那是他 1997 年买进的股票。1999 年 11 月初,股价开始飞涨。

那时,李已经在最初买进价格的基础上取得了 1 450% 的收益。李有些飘飘然,在圣诞节给亲友送礼物的时候,他开始大手大脚。

2000 年 1 月的时候,李的股票已经取得了 3 700% 的收益,因为他是以 3.25 美元买入的,那时候股价已经涨到 125 美元了。那是极为激动人心的时刻。但是,李没有意识到,这只股票已经经历了一个巨大的高潮,已经见顶,之后就会剧烈地下跌,进行盘整。

由于他没有想到这些,于是措手不及地眼睁睁看着股票在 2001 年 5 月的时候狂跌到每股 20 美元。他仍然非常确定这只股票能够重新上涨。李说,他的坏习惯还有"不积极执行抛售原则",这让他吃了大亏。他说:"往事真是不堪回首啊。我的股票曾高达 150 美元,竟然跌到 20 美元。"李振作起来,参加了几次 IBD 组织的论坛,从零开始学习。他知道,他需要更好地、更有原则地进行投资。他了解到,投资"就像烤苹果派。有了食谱,你就得照着食谱来。必须遵守原则,不要感情用事"。李知道他学习投资时付出了惨重代价,但是长远来看,这会帮助他成为一个更好的投资者。

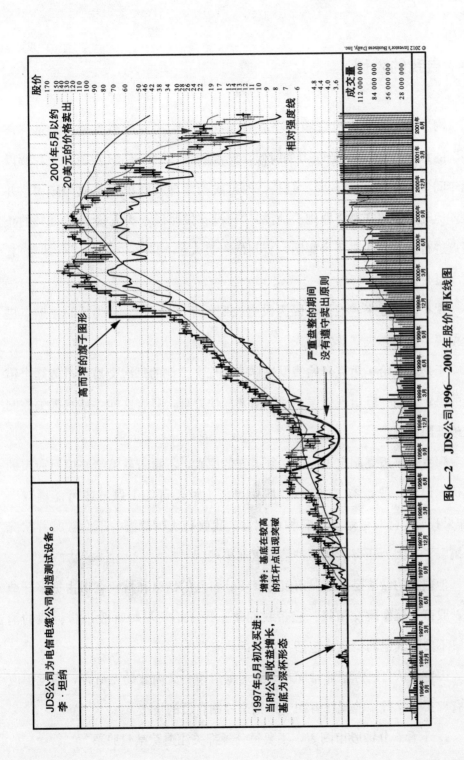

图6—2 JDS公司1996—2001年股价周K线图

41

➤ 自我的障碍

阿罗哈·迈克在投资圈里小有名气（阿罗哈在夏威夷土著语里是"你好"的意思）。他刚开始学习的时候，非常遵守 CAN SLIM 投资系统，所以几年间他从股市获益不少。但是，他越成功，自我意识就越成为障碍，并且，他开始不遵守抛售原则。他说："我没有按照低于买入价 7%～8% 的止损点进行操作，我要了小聪明，直到低于买入价 25%～40% 的时候才抛出。我太过自信了。"

现在回想起来，他说，因为没有按照低于买入价 7%～8% 的止损点进行抛售，他的损失"非常惊人"。

于是阿罗哈·迈克开始假设这样一个现实：他的每次交易都可能是个错误的决定，而一旦出现错误，他就需要尽快处理，只有这样才能将损失控制在最低限度。

阿罗哈·迈克制定了一些必须遵守的原则，不再带着情绪来应对股市的起伏。他说，股市有三条路，"股票可能上涨，可能下跌，还可能横盘"。"如果我心里随时清楚有这三种可能性，我就会头脑清醒，不会被某种状况给搞蒙了，因为还有其他两种情况可能出现。"

他现在的做法是跟随股市沉浮，不让自己的情绪和自我意识占据主导地位。股市"就像跳交谊舞：它带我们跳。我开始学习聆听股市告诉我的消息，不要听其他的信息，包括我自己的声音"。

迈克承认自己性格非常固执。有时候股市一天内波动太厉害，他觉得应该有点买卖才行。他现在有四个原则来控制自己的情绪：

1. 不看 5 分钟股市图表，不要每分钟都关注追踪某只股票。

2. 等到接近收盘再决定是要买进还是持仓，这样就会有镇静、理性、不带情绪的决定。

3. 将周 K 线图作为主要的分析和决定的依据。周 K 线图显示的时间较长，分析股票趋势不会像看日 K 线图那么容易带上情绪。

4. 如果以上几条没用处，站起来，远离电脑。

如果迈克在交易时间内开始冲动，开始不想遵守原则，他就会出去散散步，或者去骑车。

几年前，迈克到洛杉矶的禅修中心去学禅。他也用禅修的方法来帮助保持专注、保持放松。

成功的交易源于心。最佳交易人士都有让自己放松、加强专注的好方法，不管是听音乐、散步、运动还是去禅修。与股市保持一定的距离是非常重要的。投资者必须离开股市，给自己一个环境清醒地做判断，在不带感情色彩的环境下作出决定。

· 要点 ·

- 交易前先关注股市整体动态。

- 设定抛售提醒点，控制损失。

- 控制自己的欲望。大多数股票只要取得了 20%～25% 的利润就应该将其抛售。

- 如果股市震荡得厉害，尽快抛售。

- 千万不要爱上某只股票。

- 克服坏习惯，设立并遵守好原则，控制好情绪。

- 要有能放松、能让你专注的方法。

第七章

击破木板：成功学习交易、学习教训

成功的武士是有着激光般能量的普通人。

——李小龙

习武之人能够击破木板甚至砖头，重要的不在于力量，而在技巧。不要伤了自己，你的手指甚至手腕是会受伤的！

投资者如果盲目地创造或尝试自己的系统或原则，也很容易受到伤害。现在，好消息来了，很多人都因为学习并遵守 CAN SLIM 投资系统取得了成功。最好的消息是，如果你有一两次按照好系统操作获得了成功，那么今后还可以用同样的系统继续操作。

➤ 简单至上原则

阿罗哈·迈克已经从航空业退休了。他之所以 55 岁就能退休，是因为从 1987 年开始，他就靠 CAN SLIM 投资系统投资，获得了经济独立。他经常鼓励新投资者，为回馈社会，他指导一些退休人士来投资。他说："普通人如果愿意花时间付出努力，肯定能够学会成功投资的方法。"

阿罗哈·迈克说，投资有三大要素：

1. 入场时间。跟市场走向保持同步。

2. 选对股票。选择 CAN SLIM 介绍的上涨股票。

3. 管好资金。从小额投资做起。如果赚了钱，可以加大一些投资。

迈克说："你要找的是比股市平均成长快的优质股票，不要买那些会给你的平均收益拖后腿的股票。"

迈克投资过的最佳股票之一是 NVR 公司的股票；这家公司下辖几家大公司，如莱恩房屋公司、NVR 房屋公司，还有福克斯·李吉房屋公司。这只股票迈克曾买进卖出数次，在收益上涨至 429％的最高峰前，迈克在获利 300％的时候卖出了它。

阿罗哈·迈克给他自己的奖励就是：每赚得 25％的收益，他就给自己买一件夏威夷衬衫，现在他已经有了一橱子的夏威夷衬衫。

· 要点 ·

- 跟随股市大方向。
- 挑选 CAN SLIM 推荐的股票。
- 从小额投资做起；如果赚了钱，可以加大一些投资。

➤ 等待升势确立日：股市不是赌场

简纳迪有多年的投资经验，他知道，股市有最佳进场的时机。

简纳迪说："股市出现了升势确立日之后，震荡会比较小一些。如果你能遵守原则的话，这个时候持仓比较容易。"关键是要耐心，精挑细选。升势确立日出现之后的四周以内，将会有一些好股票出现突破。

"很多人告诉我，投资股市就像是在赌博，但是在我看来，如果你把股市当成赌场，那你就是在赌博。"他说："投资是给自己创造较高的获胜几率。投资跟赌博不一样，你如果能定好原则，就能在损失小的时候里离场。但如果你是在赌场赌钱，庄家发给你的牌不好，你能跟庄家说要换牌吗?"

这些年来，简纳迪参加过很多次的 IBD 读者见面会，并且在会上讲课。他 2007 年参加新泽西 IBD 读者见面会的时候，发现了一只好股票。"不知什么原因，那只能源股我以前从没注意到。"他说："当我听见面会上大家讨论第一太阳能公司的股票收益增长率是三位数的时候，我做了深入的调查，最终这只股票给我带来了巨大的收益。"（第一太阳能公司 2007 年股价日 K 线图如图 7—1 所示。）

进场时机正确和遵守一定原则是简纳迪这些年获得成功的诀窍。下面就是他获利的股票。

戴尔，1995—1997 年投资：获利 529％

第一太阳能，2007 年投资：获利 66％

福麒国际（2007—2010 年股价周 K 线图如图 7—2 所示），2009 年投资：获利 52％

爱服公司（2010—2011 年股价日 K 线图如图 7—3 所示），2010 年投资：获利 38％

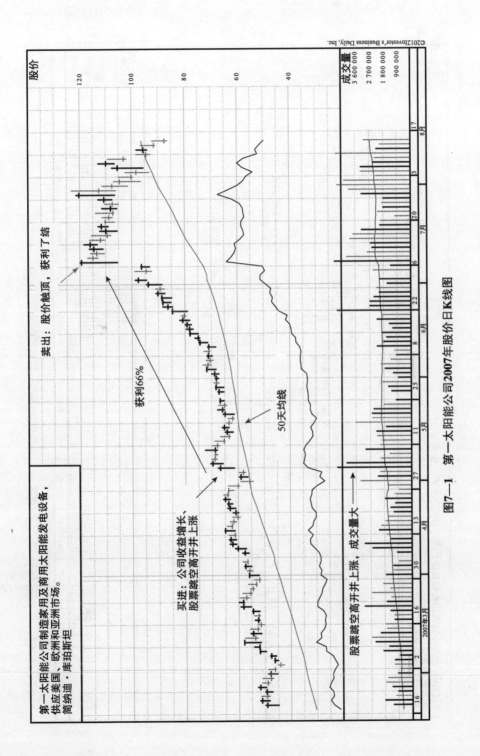

图7—1 第一太阳能公司2007年股价日K线图

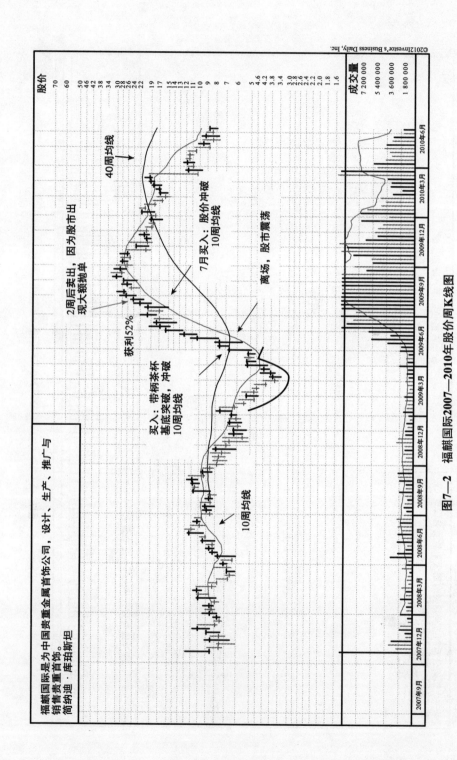

图7—2 福麒国际2007—2010年股价周K线图

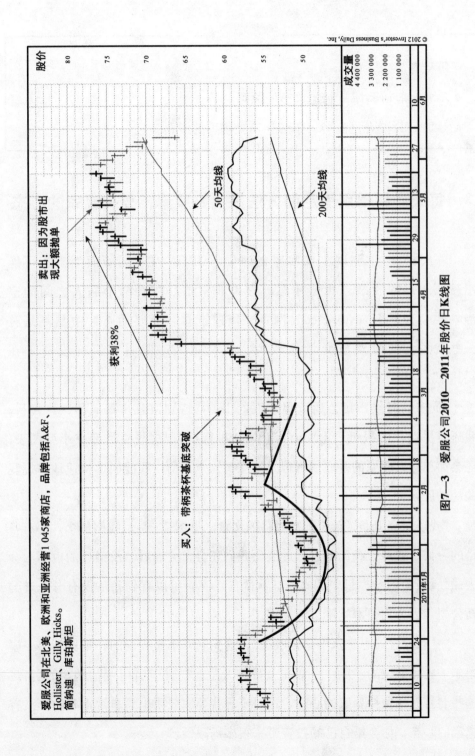

图7—3　爱服公司2010—2011年股价日K线图

· 要点 ·

- 等待升势确立日。

- 不要在股市赌博；制定自己的原则。

- 参加 IBD 读者见面会，了解你不太熟悉的股票。

➤ 每天或每周用固定的方法来找好股票，要有赢家的心态

陈庆权说："我晚上喝咖啡的时候看 IBD，在不同版面圈出有可能出现买入点的股票。我是牙医，白天非常忙。在看两个病人之间的空当，我会查看 Investors.com 网页，快速查看《股票动态》中是不是有一些我关注的股票成交量比较大。成交量大，说明有机构投资者在买进。"

"周末的时候，我会通读星期五的 IBD，特别留意《每周回顾》栏目；我还看星期一的报纸，上面有《IBD50 排行榜》。这些栏目都有小型图表，还会简单介绍股票的基底图形以及潜在买入点，所以我能简单快速地掌握我关注的股票。"

"我还研究 IBD《新美国》栏目的文章（见图 7—4）。我们每个人都有各自的习惯。曾经让我们赚过钱的股票我们还会常去看看，没碰过的也不太会去碰。《新美国》栏目中的文章让我眼前一亮，可以看到我从没有考虑过的新公司，因为我根本就不了解它们。"

"'开放过的思想永不会再收缩'，这句名言不是我说的，是奥利弗·温德尔·霍姆斯说的。IBD 经常在《智慧人生》栏目中引用一些励志的名言。这些名言让我保持赢家的心态，这对于寻找赢家股票也是非常重要的。没有赢家的心态，你会给自己的投资带来很多局限性。"

这种赢家心态让陈庆权获得了巨大的回报：

百度公司（2008—2010 年股价周 K 线图如图 7—5 所示），2010 年投资：18 个月获利 212%

苹果公司（2008—2011 年股价周 K 线图如图 7—6 所示），2011 年投资：18 个月获利 91%

·要点·

- 查看 Investors.com 网站的《股票动态》栏目，是不是有成交量大的股票。成交量大，说明有机构投资者在买进。
- 养成每天晚上或者周末看 IBD 的习惯。
- 看《新美国》栏目，寻找潜在赢家股票。

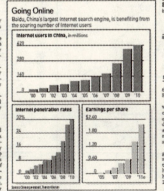

图 7—4 《新美国》栏目

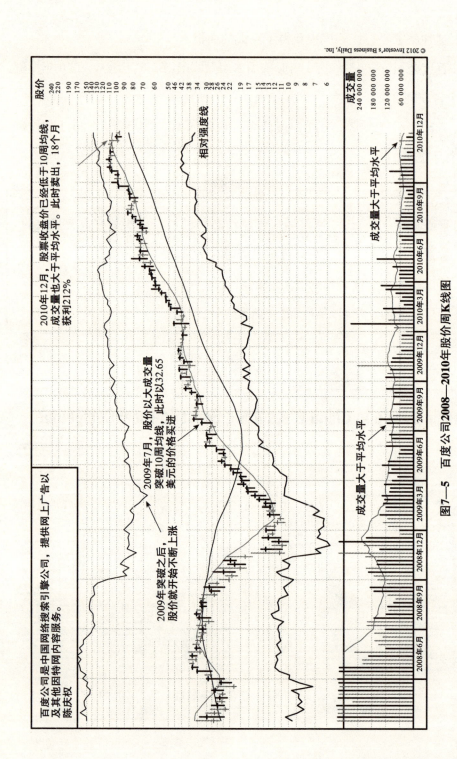

图7—5 百度公司2008—2010年股价周K线图

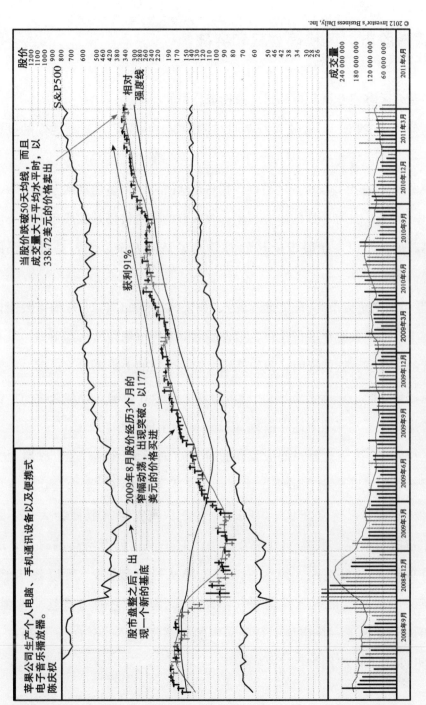

图7—6 苹果公司2008—2011年股价周K线图

➤ 跟随股市，寻找确立日和突破

兰德尔·莫罗是科罗拉多州一家投资公司的经理。

他使用 CAN SLIM 投资系统为自己的理财，也帮客户管理他们的投资组合。

莫罗说："在寻找投资点的时候，我总是从研究股市整体动向开始（CAN SLIM 中的 M），因为 IBD 的研究显示，大多数的股票价格是随股市的上下波动而涨跌的，所以，在股市上行的时候入场是最安全、最容易赚到钱的方法。"

"看看纳斯达克市场。"他继续说："如果你把 2011 年 12 月的指数变化跟前一个月的指数变化进行比较，很容易可以看到市场开始冷却下来，没有那么大的震荡了。这就说明，我们开始接近一个新的上行趋势，最后一季度的下跌快要见底了。12 月 20 日，股市出现了一个升势确立日，这说明可以把钱放进股市了。"（纳斯达克指数 2011—2012 年日 K 线图如图 7—7 所示。）

兰德尔说："全食公司的股票跟整体股市的发展同步。这个股票比去年更强劲，但是我觉得在短暂盘整之后，它还会往上涨。全食公司卖有机食品和天然食品，这符合 CAN SLIM 中的 N。我觉得一般社会大众还是不太了解有机食品。我从 9 月份开始关注它，当它创下新高的时候，股市还在基底处做盘整呢。因为在看《怎样从股市赚钱》，所以我知道，如果某只股票逆股市大方向前进，不断上涨，那么它的力量就非常强，很有可能会成为下一个市场上行趋势中的领军股票。"（全食公司 2011—2012 年股价日 K 线图如图 7—8 所示。）

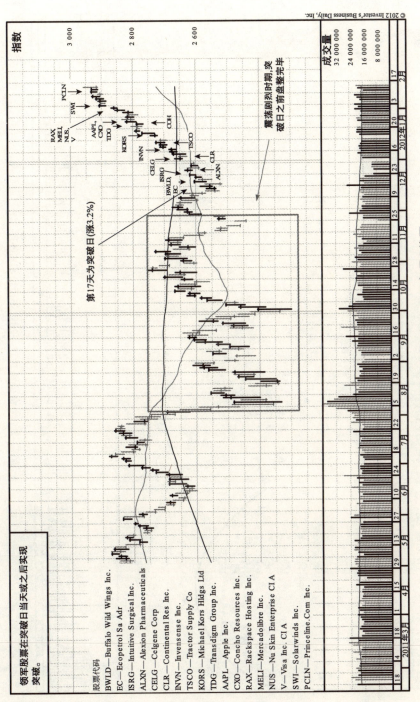

图7—7 纳斯达克指数2011—2012年日K线图

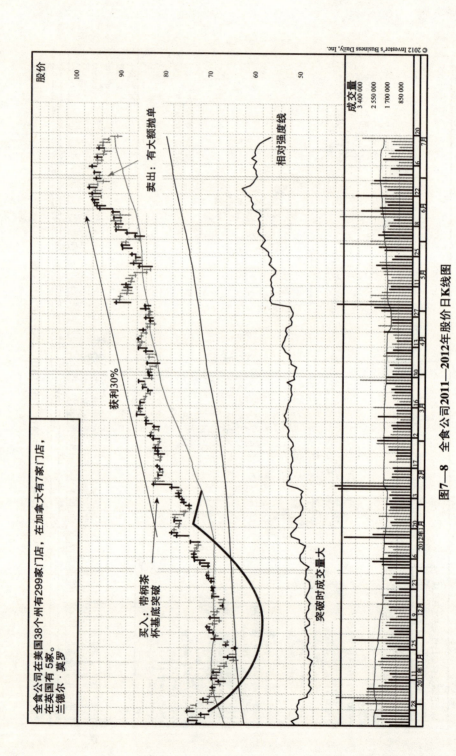

图7—8 全食公司2011—2012年股价日K线图

"虽然说在 12 月 20 日的时候要买进全食公司的股票还为时过早，股票也还在完成基底的部分，但是我注意到股价与成交量的关系跟以前几个月相比，越来越紧密，而且得到控制。成交量在股票下跌的时候开始减少了，在股票上涨的日子有小幅增加。这就是我想看到的股票突破之前的状况。"

"1 月 9 日，全食公司股价的高度和杯子左边最高处就差 1⅛了。然后股票连续 10 天往下跌，但成交量较小，跌破了 10 天均线。这显示机构投资者还在持仓，因为股价稍稍反弹，所以他们没有抛售。接着在 1 月 17 日，价格突破了茶杯柄的高度，成交量比平均水平大 149％，所以我立刻买进。"

"第二周，股票一连几天不断上涨，接着回落到突破点，这是正常的，因为有 40％的股票会回落到杠杆点（买入点）。我对此并不担心，因为我看到回落进行得非常有序，并且成交量不大。接下来的 5 个月，股票涨了 30％，股市在 2012 年 4—6 月份的盘整对该公司的股票没有影响。"

"每个人都有精彩的全垒打的成功故事，但是在投资世界里，只有长期的点点滴滴才能造就持续不断的成功。如果你想在股市里长期赚到钱，你必须非常专注地保住自己的本钱，减少风险。股市告诉你要涨的时候你去投资，股市有迹象要触顶的时候你要守住现金，这是保持长期获利最重要的条件。"

· 要点 ·

- 确定整体股市的强弱是投资最重要的部分。每天看 IBD 的《大画面》栏目。
- 在上行趋势的股市里投资比较容易赚钱。
- 注意那些逆股市大方向而行的股票，这说明该股票强度大。
- 注意观察从基底突破的股票，或者经过一个新的涨势之后开始盘整的股票。
- 一点一滴，慢慢积累，持续成功。

➤ **关注《领军榜》栏目，节省时间**

凯瑟琳·菲利普斯很喜欢《领军榜》这一栏目（见图 7—9），其中的股票是 IBD 精心挑选出来的，她说："该栏目介绍的是当下股市表现较好的股票，随时可能出现基底突破。《领军榜》有注解，介绍基底图形，还有买入点。这为读者省了很多时间，我只需要集中精力看股市的领军股票就行了，基本面条件都是最好的。我通过《领军榜》找到许多好股票，得了不少好处，如百度、领英公司、怪兽饮料、雷克斯佩斯以及卡车配给公司等。《领军榜》栏目为我省了很多时间，让我充满信心，因为我知道这些都是 IBD 最好的编辑挑出来的。"

雷克斯佩斯，收益 24%

特拉特公司，收益 34%

· 要点 ·

- 看 IBD 的《领军榜》栏目，节省时间，找出表现最好的股票。
- 通过《领军榜》的介绍，多了解基底图形。

➤ **看《流行趋势与 FADS》栏目**

"冲浪者"帕特·里尔顿在社区大学上"经济学基础课"的时候，为了完成作业，找来 IBD 进行研究，开始了他的投资之旅。帕特说，他完全不知道那次的作业会给他的人生带来什么影响。

他最早是想选修房地产或者建筑专业的，他想"买些旧房子，修修补补，然后卖出去"。

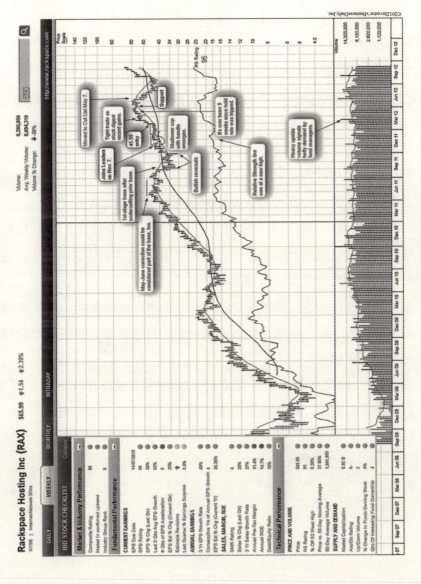

图7—9 《领军榜》网页截图

但是后来他开始对股市感兴趣，开始看书：欧奈尔的《笑傲股市》，尼古拉斯·达瓦斯的《我如何从股市赚到 200 万》，以及埃德温·勒费夫尔的《股市作手回忆录》。

看完这些书之后，他原先从事建筑业的想法就不复存在了。他下决心，要学习股票投资。于是他就开始投资了。

"我最早获得成功的投资对象是 SKECHERS 公司，"他说，"那家公司总部在我老家曼哈顿滩。我看不少妈妈和孩子都穿着很时尚的运动鞋，所以我查了查《IBD 研究调查表》，原来它是位居前列的股票。接着我开始观察图表，等待它走出盘整区域，出现高成交量的突破。"

"那个时候，我交易的金额比较小，但是我赚了 20％，这让我尝到了甜头。从那时候开始，我就对能够在股市赚到钱感到非常兴奋。"

"我关注的另一只股票是汉森天然食品公司——生产怪兽能量饮料的公司。这家公司收益高，产品销量大，有许多 IBD 文章提到这家公司。我看到有大机构投资者大量买进这只股票，于是我也买了。"

帕特说他循序渐进地慢慢学，"我跟完几个市场的周期，对牛市有了比较好的理解，还了解了在周期里的赢家股票是什么样子，这些都可以帮助我在今后找到冠军股票"。

"我最成功的交易都是这样完成的：在做足了准备工作之后买下股票，最后，遵循抛售原则，把股票卖出去。"

汉森天然食品公司（2004—2005 年股价日 K 线图如图 7—10 所示），156％ ＋ 33％ 收益（两次买进）

网易公司（2003 年股价日 K 线图如图 7—11 所示），100％ ＋ 60％ 收益（两次买进）

・要点・

- 寻找时尚流行趋势。大家都在穿什么流行的服饰？
- 看介绍传奇股市人物的书籍。
- 观察食品和饮料的流行趋势。

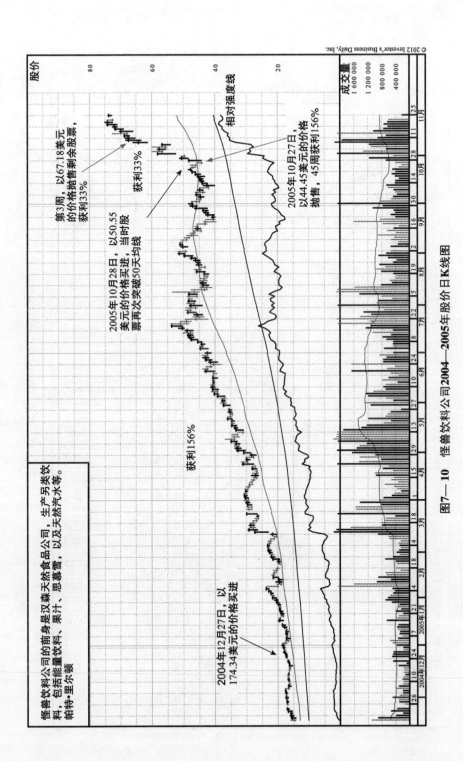

图7—10　怪兽饮料公司2004—2005年股价日K线图

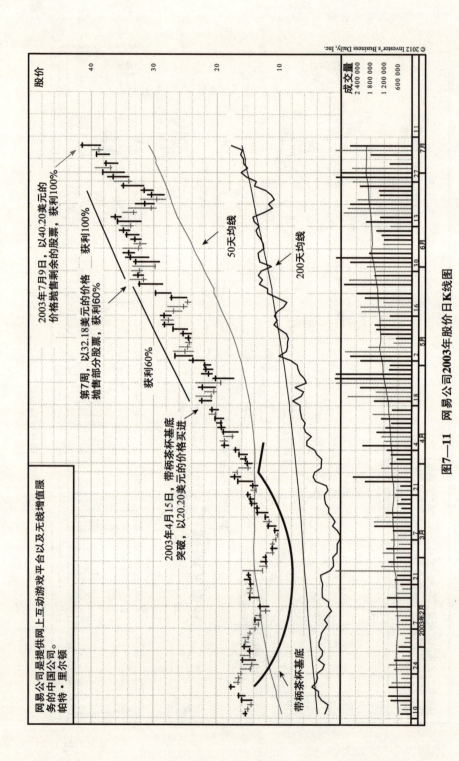

图7—11 网易公司2003年股价日K线图

➤ 不听新闻

戴夫·惠特默是美国海军 F/A—18 战斗机的驾驶员，是从"尖子班"毕业的。他从 2000 年开始就认真积极地学习 CAN SLIM 投资系统。

2009 年 3 月，戴夫在西太平洋约翰·斯坦尼斯号航空母舰上服役。他说："这让我远离所有新闻。"华尔街传奇交易人士尼古拉斯·达瓦斯在 20 世纪 50 年代的时候，周游世界，边玩边表演舞蹈。他当时也远离新闻，但他获得了很多利益。比尔·欧奈尔也积极倡导要远离新闻，但要看股市领军股票的状况。

因为需要保证航空母舰的安全，戴夫看不到"每日图表报"工具（现在叫"股市史密斯"，这是 IBD 的姐妹公司的高级图表研究工具）。于是，戴夫就靠他的好朋友约翰·马克尔来帮助填补图表的空缺。

因为他没时间，也看不到新闻，所以戴夫没有受到媒体新闻的轰炸，即使当时的新闻都说市场将一蹶不振。戴夫喜欢的股票是那些即使在股市疲软时仍然强劲有力的股票。他在 eIBD 电子报上看到了绿山咖啡公司的介绍，还看到这只股票已经出现带柄茶杯的形态。戴夫知道，等到股市开始反弹的时候，绿山咖啡公司就是他要的股票。（绿山咖啡公司 2008—2009 年股价周 K 线图如图 7—12 所示。）

绿山公司收益和销售增长率均为两位数，公司产品单杯咖啡也很有创意。于是，在 2009 年 3 月，股票出现典型的带柄茶杯图形突破的时候，戴夫买进了。那时候正好也是新牛市开始的时候。

他说："那个状况很容易把握。六周之后，我赚了大钱。公司收益大增，于是又宣布，要在母亲节的时候把单杯咖啡投放到沃尔玛进行销售。股票应声上涨 37%。成交量为平均水平的 832%，这说明机构投资者在大量买进。"

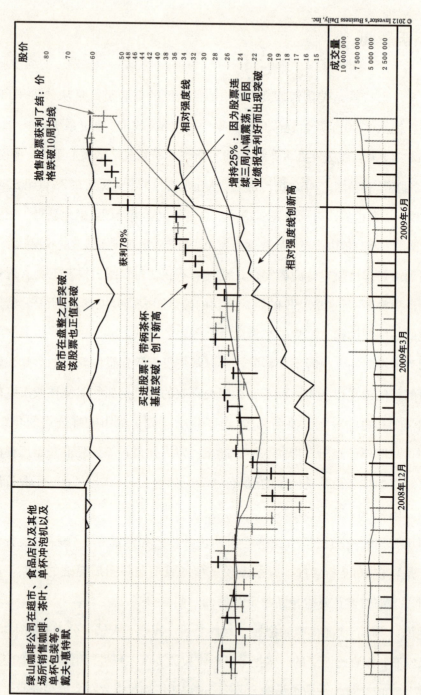

图7—12 绿山咖啡公司2008—2009年股价周K线图

"虽然我在股市里已经有挺长的一段时间了，但我没遇见过跳空性的大增长。我只记得欧奈尔数据系统的投资组合经理兼IBD培训讲师查尔斯·哈里斯在一次培训课上解释过，当碰上一个好股票的时候，你要猛踩油门。"戴夫说他喜欢把这说成是"点燃后燃器"，这是空军飞行员的术语。"所以，由于绿山公司宣布要在沃尔玛销售单杯咖啡，公司收益大增，我又买进了25％的股票。那天晚上的11点半，我在航空母舰上查网上资料，才知道那是我做得最好的一次交易。绿山咖啡公司股票当天收盘价比前一天高44％。"

戴夫一直持仓直到7月中旬，那时股票已经涨了78％。"我当时觉得该抛售了，因为它已经跌破了10周均线。"他说，"虽然股票在盘整之后又继续上涨了，但是我已经获利了结，我很满意。"

· 要点 ·

- 不听新闻，只关注股市领军股票的状况。
- 寻找在股市盘整阶段就开始完成基底的股票。

➤ 获取 20％～25％的利润

李·坦纳说，在参加过 IBD 第四级培训之后，他感觉非常有帮助——他的交易技术明显提高了。对投资组合进行的模拟研究显示，大多数的赢家股票在上涨了20％～25％之后就应该被抛售，因为在那个时间点，很多股票都会开始回落，准备形成另一个基底或者进行盘整，甚至触顶。

　　李通常会持仓太久，这违反了他的抛售原则，导致他已经可以获得的利润又被损失掉。李学到了，唯一可以长久持仓的情况是：如果股票在突破之后的 2～3 周之内上涨了 25%。如果出现这种情况，那么应该持仓至少 8 周。历史记录显示，这样的股票在如此迅猛的上涨之后，通常还会有巨大的上涨。

　　2007 年有一只股票卡骆驰就曾让李持仓 8 周。（卡洛驰公司 2006—2008 年股价周 K 线图如图 7—13 所示。）

　　李说，近几年的股票市场环境没有出现往年的"大行情"，但是，2007 年卡骆驰的战绩好得不得了，他因此而获益 140%。

　　2006 年 10 月份，IBD 的《新美国》栏目介绍了这家公司，李才知道这只股票的。这家公司的股票首发几个月之后，IBD 的《大画面》栏目又对它进行了介绍，它还跻身《股市脉搏》栏目成交量领先的股票。

　　"在买进这只股票之前，"李说，"我去附近的梅西商店看了看，我看到卡骆驰的鞋子有自己的专门展示区域，很明显，这牌子的鞋子卖得不错。"（谭布尔国际公司 2010—2011 年股价日 K 线图如图 7—14 所示。）

·要点·

- 大多数股票在上涨 20%～25% 后就应该抛售；如果在 2～3 周之内上涨了 20%，那么应该持仓 8 周。
- 看《新美国》栏目的文章，寻找潜在的首发赢家股票。
- 到商场里看看那家公司的产品是不是卖得好。

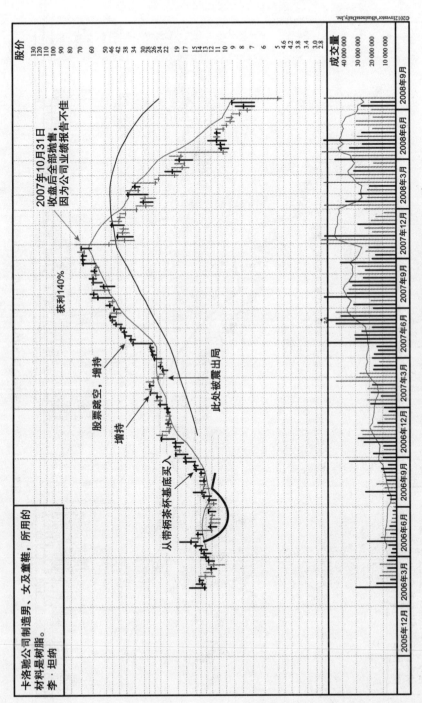

图7—13 卡洛驰公司2006—2008年股价周K线图

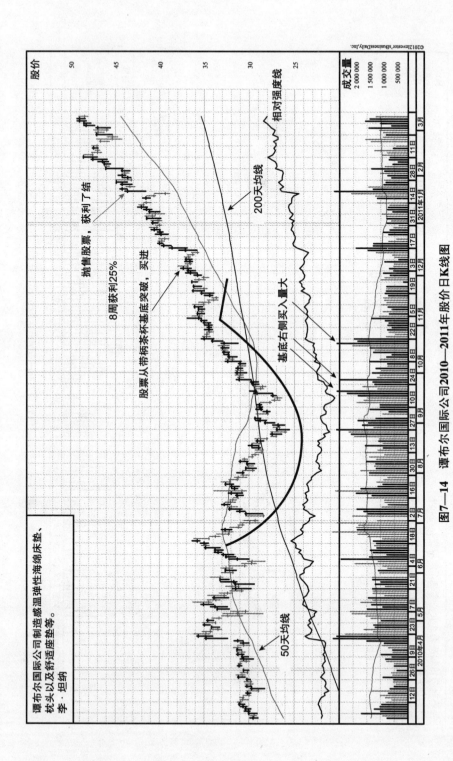

图7—14 谭布尔国际公司2010—2011年股价日K线图

➤ 学习从首发股获利

2004 年的时候，迈克·斯科特认为自己在投资方面还是个"菜鸟"。他想买谷歌的股票，但是那个时候他还不了解首发股的情况，所以他错过了谷歌股票在 2004 年 9 月的突破。（谷歌公司 2004—2005 年股价日 K 线图如图 7—15 所示。）他在 2005 年 4 月份出现跳空的时候买进了谷歌的股票（跳空就是股价猛涨，通常股价猛涨是因为投资者大量买进，因为大家看好公司的收益报告以及其他正面消息）。迈克说："那时候我很怕'跳空买入'，现在我太喜欢跳空买入了，我经常关注跳空的股票，因为我知道，那些股票通常会是让我大赚其钱的股票。"

迈克从自己的错误里学习，后来在其他首发股上面，如迈克尔·科尔斯的首发股（迈克尔·科尔斯公司 2011—2012 年股价日 K 线图如图 7—16 所示），他就获益不小。"经历了谷歌的首发股之后，我学会了怎么买首发股。"他说，"我在买入迈克尔·科尔斯首发股的时候就没有犹豫。我是 2012 年 1 月 17 日以 27.11 美元的价格买进的。我做了很多调查，等着股票突破。有三家公司承销迈克尔·科尔斯公司的首发股，该公司的收益和销售增长均为三位数。公司的产品非常受欢迎，在诸如梅西这样的超市里广泛销售。1 月 17 日，迈克尔·科尔斯股票出现了一个跳空，所以我立刻买进。后来，股票不断显示强劲势头，我又补仓三次。最后，在 8 周内第一次出现跌破 10 天均线的时候，我将股票抛售了。我知道，如果股价一直高于 10 天均线，一旦突然跌破均线，那么就应该卖了。"迈克通过科尔斯股票先后获利 74%。

> **· 要点 ·**
>
> ● 关注从第一个基底突破的优质首发股。
> ● 如果股价一直高于 10 天均线，一旦突然跌破，那么就应该卖了。

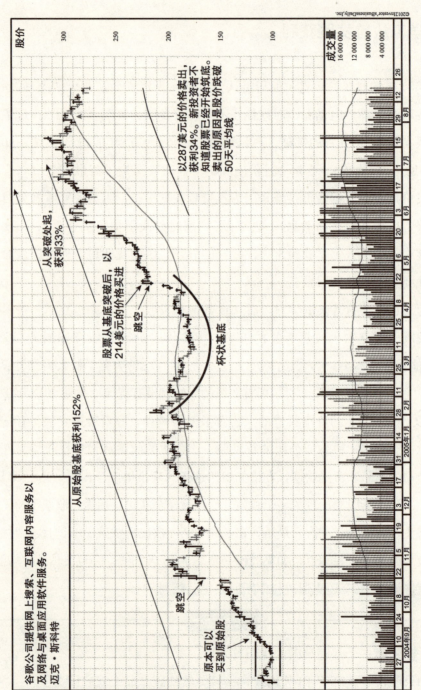

谷歌公司提供网上搜索、互联网内容服务以及网络与桌面应用软件服务。

迈克·斯科特

从原始股基底获利152%

从突破处起，获利33%

以287美元的价格卖出，获利34%。新投资者不知道股票已经开始筑底，卖出的原因是股价跌破50天平均线

股票从基底突破后，以214美元的价格买进

跳空

杯状基底

跳空

原本可以买到原始股

股价

300

250

200

150

100

成交量

16 000 000

12 000 000

8 000 000

4 000 000

2004年9月 27 10 24 8 2005年1月 19 3 17 31 14 28 11 25 11 25 6 20 3 17 1 15 29 12 26

10月 11月 12月 2月 3月 4月 5月 6月 7月 8月

图7—15　谷歌公司2004—2005年股价日K线图

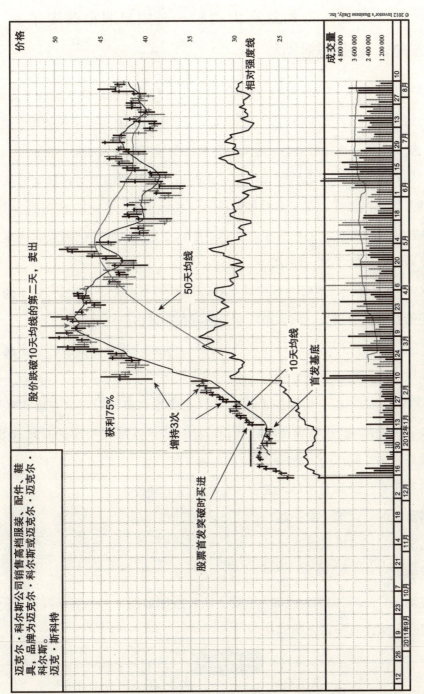

图7—16　迈克尔·科尔斯公司2011—2012年股价日K线图

➤ 即使你身处牛市而且有大利润——如果股市改变了方向，也应立刻抛售

安宁多·马君达在 20 世纪 90 年代中期是思科公司的软件工程师。他说，思科公司以前会给员工买公司股份的机会，所以他开始有兴趣了解公司股票的表现。那是他第一次接触股市，他觉得这样的赚钱方法让人非常兴奋。

每隔六个月左右，思科公司会给员工购买公司股票的机会，那个时候科技类的股票都在飞涨，安宁多看着思科股价不断上涨，感觉兴奋不已。

他的妻子看到丈夫的户头里有大笔进账，于是就鼓励他把股票套现来买房子。幸好，他听了妻子的话。

2000 年的时候，他根本不知道 CAN SLIM 投资系统，他说："剩下的思科股票给我造成了损失，因为市场崩盘使我没有抛售原则可循。"

不过，他已经用通过思科股票赚的钱买了房子，所以他很想再多了解一些关于股票的事情。

2003—2004 年间，他参加了几个 IBD 高级培训班，后来也在股市赚了很多钱。他说："这些培训课程让我信心坚定，该系统在牛市的时候有效，所以我开始关注股市的大方向。"

得益于自己的深入学习，安宁多获得了以下利益：

塔瑟，90％（第一次获益）

塔瑟，72％（第二次获益）

谷歌，31％

直觉医疗公司（2006—2007 年股价日 K 线图如图 7—17 所示），27％

汉森天然食品公司，38％

> ·要点·
>
> ● 如果股市走向发生改变，锁定大的收益，获利了结。

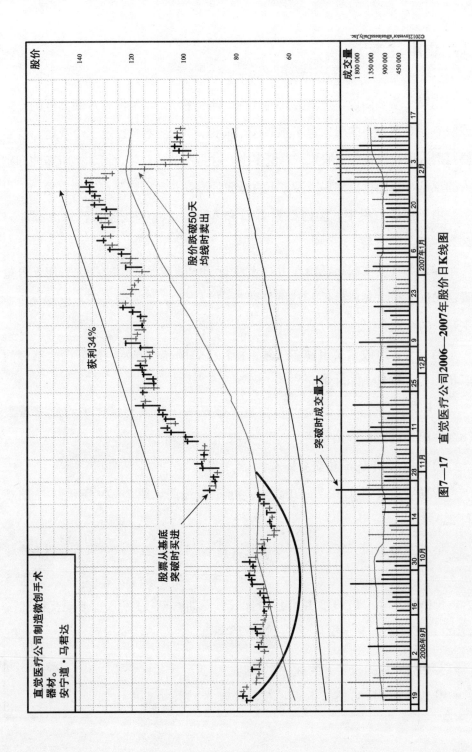

图7—17 直觉医疗公司2006—2007年股价日K线图

➤ 集中注意力

汤姆·埃利斯说，投资方面的刊物，他只看 IBD。他没有订阅其他的新闻或服务，对别人买的股票也不感兴趣。他说："我还给自己定了个规矩，我不要跟别人说我投资什么股票，总值多少，这是痛苦的经验之谈。多听新闻和别人的意见，会让我犯许多错误，不遵循我的原则。我会怀疑自己的直觉。"

由于注意力集中，汤姆根据 IBD 和 MarketSmith 找股票，每次都能有 20%～25% 的收益。

2012 年 1 月 4 日，汤姆在 IBD 上注意到大陆资源公司的股价表现十分抢眼（2011—2012 年股价日 K 线图如图 7—18 所示），纸质的报纸上也有《行业主题》的特别介绍。

同一天，该股票又出现在《领军榜》上，图表也开始出现带柄的茶杯的形状，买入点是 73.08 美元。

1 月 5 日，大陆资源公司的股票突破基底了，成交量比平均成交量大 78%。于是汤姆买进该股票，7 周之后卖出，获利 25%。

汤姆 2012 年的成功交易还有：

选择舒适公司（2011—2012 年股价日 K 线图如图 7—19 所示），7 周获利 25%

草本生命公司（2011—2012 年股价日 K 线图如图 7—20 所示），11 周获利 25%

价格线公司（2011—2012 年股价日 K 线图如图 7—21 所示），5 周获利 25%

·要点·

● 不要被太多的投资刊物迷住了眼睛。
● 用 IBD 和 MarketSmith 寻找赢家股票。

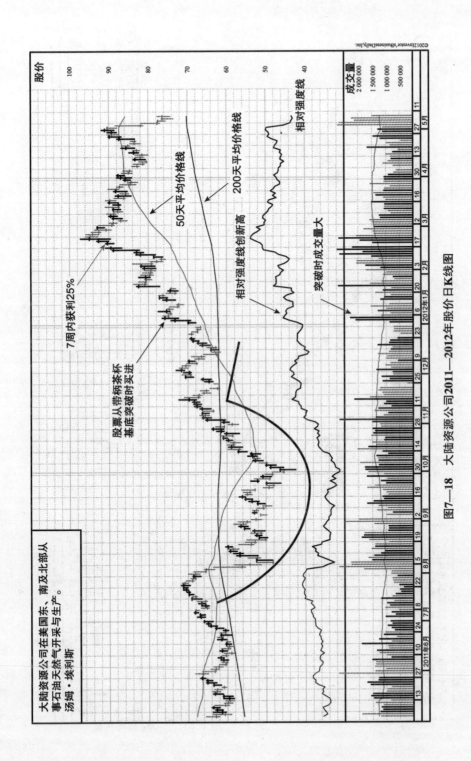

图7—18　大陆资源公司2011—2012年股价日K线图

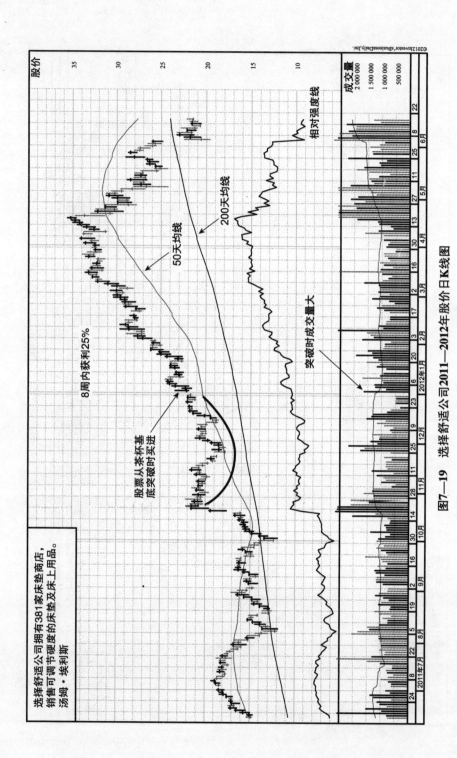

选择舒适公司拥有381家床垫商店,销售可调节硬度的床垫及床上用品。

汤姆·埃利斯

股价

8周内获利25%

50天均线

200天均线

股票从茶杯基底突破时买进

相对强度线

突破时成交量大

成交量

图7—19　选择舒适公司2011—2012年股价日K线图

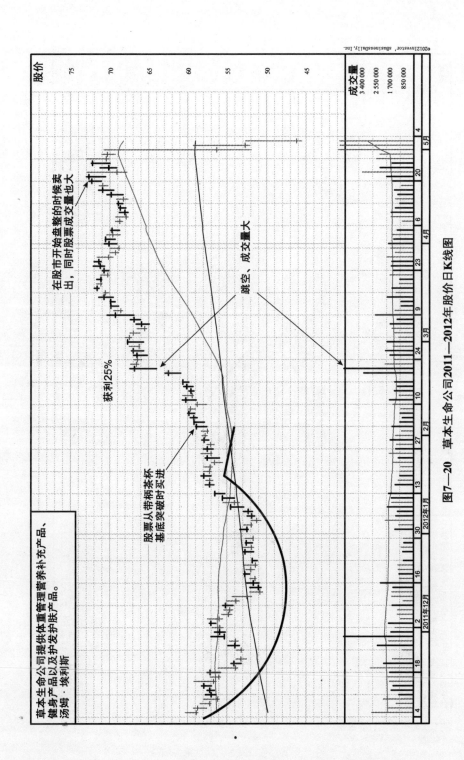

图7—20 草本生命公司2011—2012年股价日K线图

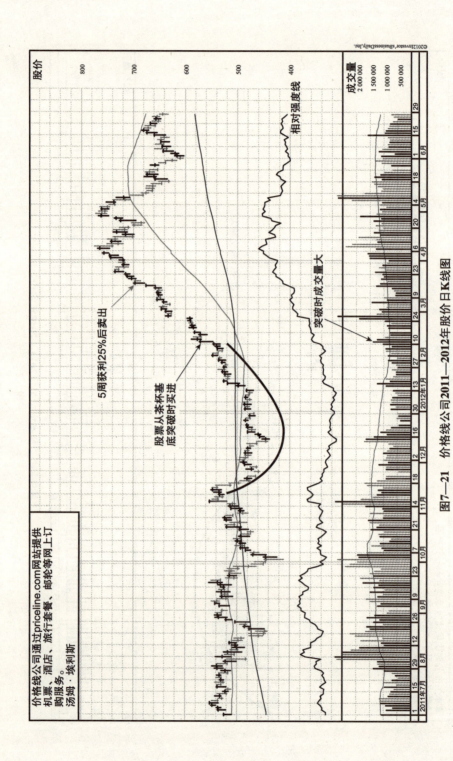

图7—21　价格线公司2011—2012年股价日K线图

➤ 盈利了就庆祝庆祝，出错了就分析分析

汤杉·鲍德温 2004 年开始看 IBD 报纸，用 CAN SLIM 投资系统买进卖出生产健康套餐食品的营养系统公司股票，获利不少。

2005 年 7 月，他第一次买进营养系统公司股票。当时股票刚创下新高，他立刻买下，在股价又涨了 20％ 的时候卖出获利。那年后期，那只股票又出现了一个带柄茶杯图形，汤杉又买进，净赚 25％。他在股市赚了不少钱，够他在纽约买一套公寓，所以，那两次的交易让他兴奋不已。但是，汤杉回首他的投资交易时，意识到还是有不少大行情被他错过了。从他 7 月份第一次交易开始，到 2005 年底，营养系统公司股票有 214％ 的收益。他当时还不懂得要如何应对超级赢家股票。

从 2004 年 10 月到 2005 年 12 月，营养系统股票上涨了 2 100％。

该公司在 2000 年上市，但是公司从 2004 年开始更换管理层，这符合 CAN SLIM 系统的 N，即新的管理。该公司通过 QVC 有线购物网络，在竞争激烈的市场上销售了更多的产品。因此公司产品销量大增，备受机构投资者的关注，这些机构买下大量股票，将股价推向高位。

2009 年，汤杉三次参与了另一只股票——有"中国谷歌"之称的百度——的交易，净获益分别为 40％、15％ 和 20％。汤杉说，回顾自己投资交易的情况使他能够温故知新，知道以后该如何用不同的方法投资股市。"每个投资者都会出错。"汤杉说，"但是我从百度股票交易过程中学到的最重要的经验是：我耐心不够，没法等到百度股票可以给我的 1 000％ 的收益。如果投资者遵循了 CAN SLIM 投资系统，在 2009 年 3 月新牛市出现的时候买进百度股票，并且在后期百度股价涨了 10 倍的时候抛出，那一定会有巨大的回报。我的计划就是通过 CAN SLIM 系统来寻找未来的超级赢家股票，并且把握住股票飞涨的时机。"

"如果投资者能够让损失最小化，让赢家股票多涨一涨，遵循一些明确

的投资原则，那么，他们早晚会成功的。但是投资的成功需要辛苦的准备，了解市场心理，并且愿意去观察整体股市动向。一旦投资者拥有了信心，这就是最简单的事情了。"

• 要点 •

- 如果交易成功，就给自己庆祝一下。
- 检讨一下，看之前哪里应该可以获得更大的收益。

➤ 把投资当作你的生意来看待

巴苏上大学的时候正好是网络公司股票盛行的时候，但他是个后知后觉者。不过，他最终也闯入股市，买进股票，短期内卖出，获得了100％的收益。他决定要像其他年轻人那样：于是用收益的一半买了一辆车。

后来，科技股的泡沫破裂了，他损失了很多钱。他当时所持的是世界网络公司的股票，后来该公司破产了。当时他还是初级菜鸟，所以在股市开始崩盘的时候，他还没有确立什么抛售原则。

学习用大量资金投资超级赢家股票

2002年的时候，他的一位同事向他介绍了IBD，还有欧奈尔的书《笑傲股市》。2002年，他买进新浪股票（2001—2004年股价周K线图如图7—22所示），获得了100％的收益。巴苏觉得这太美妙了；不过他有一个问题，因为没有太多的资本，所以他的实际收益并不多。

后来，他去参加了几个IBD的培训班，也加入了纽约的IBD读者俱乐部。他接触到有同样兴趣的投资者，他们教会他如何每天关注股票，如何在消极的股市里做到积极向上。他觉得那是自己在投资方面的转折点，他非常感谢IBD读者俱乐部的那些良师益友。他们真的转变了他对投资的整体想法。

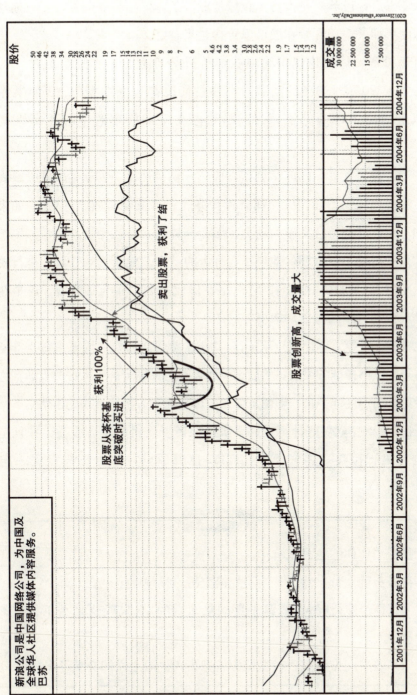

图7—22 新浪公司2001—2004年股价周K线图

从那以后，巴苏对待投资比较像是对待工作，不像业余爱好了。他对投资的态度更加严肃，开始在股市里干得越来越好。

对于投资，他的建议很简单：等待升势确立日，小规模买进，试探市场。如有20％～25％的利润，大多数情况都应立即抛售。"如果你能做到以上简简单单的两点，"他说，"你在正常股市的年收益率应该有25％～50％。"

关于升势确立日，巴苏学会了看股票一两周内的升势。"如果股票表现强劲，涨得比较快。"他说，"那么，升势确立日就会有效。"但是，如果股票徘徊不定，没有持续突破的动力，那么升势确立日就无效。

如果股市处于盘整期，他就不会有大的动作。他会看《IBD50排行榜》，看最活跃的10只股票的动向。它们是在形成基底，在准备突破，还是在徘徊不动？要看股票的整体动向挺容易的。

巴苏鼓励大家，即使有全职工作，"再忙都可以投资。周末多做点准备工作，看哪些股票在准备突破，然后把星期天晚上你确定的买入提醒点通知你的交易经纪公司。这样一来，即使工作忙，你也无须去担心交易的事情"。

"如果你事先就做好计算，并了解能在市场获得的复合收益，并且把损失控制在最低限度，遵守CAN SLIM投资原则，你的长线投资一定会成功。"

· 要点 ·

- 把投资当作你的生意来看待。
- 等待升势确立日，然后开始小规模交易，慢慢增多。
- 看《IBD50排行榜》，查盘整期间最活跃的10只股票是否正在准备突破。
- 周末多花时间做研究。在星期天就把买入提醒点通知交易经纪公司。

帕拉米吉特·查姆博

"20 世纪 80 年代撒切尔夫人当首相的时候，我住在英格兰。那个时候，政府对能源与服务公司解禁了，那些公司盈利不少，我投资那些公司收益也不错。于是我对此愈发感兴趣，也给自己定下了一生的目标：我要投资成功，不管花多长的时间。"

"1999 年 5 月，我来到美国，我忙着安顿自己，接着开始正常的工作，所以在 2006 年之前都没有真正用心在股市投资。我学过 MBA，也搞过价值投资，操作过 20 种以上的股票，我也买过会分红的股票，甚至模仿过电视上的几位股市交易人。我也试过交易期权和短线交易。不管做哪种投资，最后我的资本都会不断减少。"

"通过这一切，我开始意识到，不能光靠别人的观点来操作；我必须自己做决定，并且要有个全盘的计划来进行管理。"

2008 年 7 月，帕拉米吉特开始订阅 IBD，但是，那个时候的股市非常糟。

2011 年，他人生的转折点来了。在加利福尼亚州圣莫妮卡的 IBD 读者见面会上，比尔·欧奈尔出席并讲了话。比尔提到 18 世纪初的股票经纪人理查德·怀科夫，他提倡在任何交易中都要控制风险。

这从此完全改变了帕拉米吉特的看法。他了解到，必须把交易当作生意来看待。从那以后，他凭借自己的 MBA 背景制订了一份商业计划书，里面包含了交易原则，还包含每月对自己的投资行为的回顾。

他发现，抛售原则是最重要的原则。他还知道了为什么不能对某只股票长期持仓。"IBD 经常说嘛，跟股票约约会，别跟它结婚。如果你觉得无法从交易中获利，那就没有什么生意可谈了。"（阿鲁巴网络公司 2010—2011 年股价日 K 线图如图 7—23 所示。）

帕拉米吉特鼓励投资者："如果交易不顺，不要觉得不好意思。原因可能是对整体市场没有经验，或者是投资者自己还有些问题。每个人都会犯错，但要尽量把损失控制到最小；如果你有坚定的信心，一定能挺过去的。还有，请记住，如果有了 20%～25% 的收益，立刻抛售。"

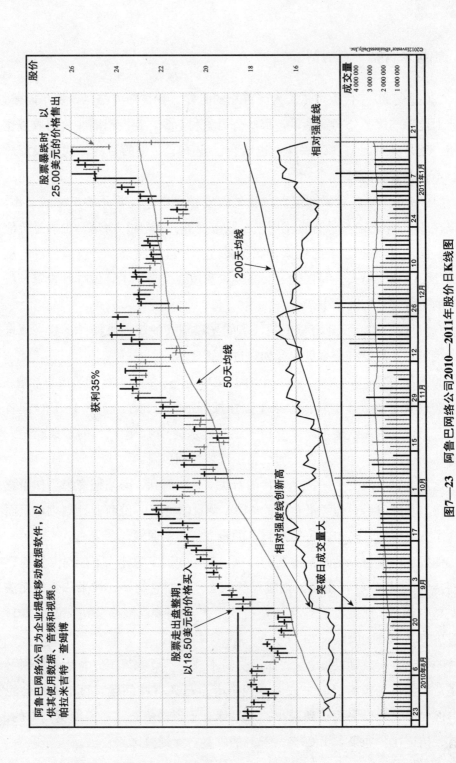

图7—23 阿鲁巴网络公司2010—2011年股价日K线图

阿鲁巴网络公司为企业提供移动数据软件，以供其使用数据、音频和视频。帕拉米吉特·查姆博

股票走出盘整期，以18.50美元的价格买入

获利35%

股票暴暴跌时，以25.00美元的价格售出

200天均线

50天均线

相对强度线

相对强度线创新高

突破日成交量大

股价

成交量

©2011Investor'sBusinessDaily,Inc.

· 要点 ·

- 制定一个投资商业计划，每月回顾自己的投资行为。
- 每个人都会犯错，但要尽量把损失控制到最小。

➤ 把交易计划写下来

史蒂夫·鲍尔从 2005 年就开始订阅 IBD 了。虽然他学会了 CAN SLIM 投资系统，也在几年内赚到了钱，不过，他也经历了风风雨雨。史蒂夫觉得最困难的事情是，他觉得总得泡在股市里。现在他知道了，有些赢家股票有赚钱的机会，而且有一些时间段是可以远离它们的时间。

史蒂夫之前没有什么明确的交易计划，他的朋友汤姆·埃利斯是个 CAN SLIM 投资系统的高级投资者，他建议史蒂夫把具体的交易计划写下来，并且要遵循一个比较固定的时间安排。史蒂夫是某跨国公司的高级代表，所以他只能在周末研究股票的事情。

史蒂夫周末的固定安排

1. 关注清单。清单上有 10～30 只领军股票，有最好的基本面资料，比如说，有两位数到三位数的收益增长，股本回报率高，并且收入也在不断增长。如果关注清单太长，照顾不过来了，那就把基本面资材料不是最理想的股票放在另一个清单里。

2. 买入股票清单。这是本周可能有动作的股票。有些情况下，可以在股票突破之前就设定一些买入提醒点。另外，可能还要根据股票的变化来判断买入与否。清单中至少要保留一只股票。最难控制的情况会出现在牛市的时候，此时，要把这个清单控制得比较简短一点。请记住，只在这个清单上列出你能找到的最佳股票。

3. 突破清单。不管你有没有买进，清单上的股票如果突破了，你就应该记下来，并且关注这些股票的进展情况。这也是关注整体市场健康状况的一个指示器。

4. 止损点。每周更新电子表格文档里的止损点（如果股票状况不好，必须抛售，不一定要等到比买入价低 7% 或 8% 才卖）。

5. 增加关注清单。每周两次，通过《IBD50 排行榜》查看新股票。运行 MarketSmith 的页面 1~2 次，找收益好、产品销量大的公司股票。

6. 做好记录。每周至少一次，在股市交易日记本上做记录；每次有交易也得做记录。在股票投资组合记录表上记录每一笔交易，并随时更新，掌握股市最新状况、风险、利润等。

史蒂夫每日的固定功课

1. 看《大画面》栏目，看市场整体动向。

2. 查看股票清单（关注清单、买入清单以及突破清单）。

3. 记录每笔交易，更新投资组合记录。

4. 如果关注清单上的股票将要出现突破，可以重新整理，确定买入点。

5. 将买入或卖出的提醒点提前告诉股票经纪人，以便买入或卖出。

6. 阅读 IBD 的文章，寻找新的股票。

7. 每周至少一次，在股市交易日记本上做记录；每次有交易也得做记录。

史蒂夫说："如果遵循了这个投资系统，一切都会很顺利。我尽量根据数字来买卖股票，不添加个人情感因素。"（太阳风公司、巴克埃公司 2011—2012 年股价日 K 线图如图 7—24、图 7—25 所示。）

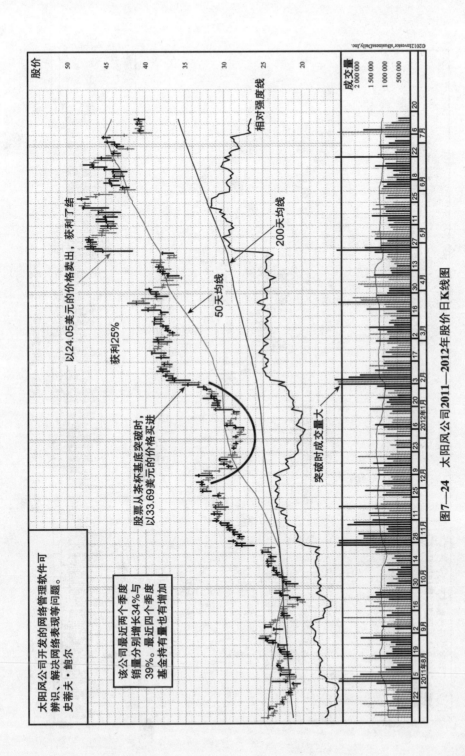

©2012Investor'sBusinessDaily,Inc.

图7—24 太阳风公司2011—2012年股价日K线图

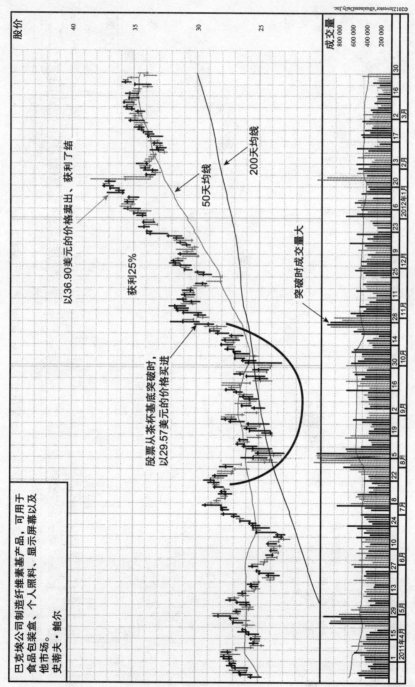

巴克埃公司制造纤维素基产品，可用于食品包装盒、个人照料、显示屏幕以及他市场。
史蒂夫·鲍尔

股价

以36.90美元的价格卖出，获利了结

获利25%

50天均线

200天均线

股票从茶杯基底突破时，以29.57美元的价格买进

突破时成交量大

成交量

图7—25　巴克埃公司2011—2012年股价日K线图

88

➤ 从管理退休基金到个人投资

20 世纪 60 年代的时候，肯特·戴蒙是纽约第一城市国民银行（花旗银行）的股票分析师。之后，他做了 6 年底石油分析师，接着他转到亚特兰大里奇菲尔德公司，开始负责投资者关系。1995 年底，他转到 ARCO 公司出任高级副总裁，主管退休基金及所有的基金投资。

肯特有约 30 名投资组合管理经理协助他工作。根据各自的经验和表现，每位经理负责一定的资金。

他们的基金大多购买成长型股票，他们都通过学习比尔·欧奈尔所教的图表来买卖。欧奈尔经常会来肯特的公司指导他们如何抓住股票的特点，找最大的领军股票。

1985—1990 年这 5 年间，ARCO 公司是全美退休基金表现最佳的 10% 的公司中的一家，他们靠的就是 CAN SLIM 投资系统。

1993 年，肯特被任命为 ARCO 公司亚太部总裁，常驻香港。

他 2001 年退休，回到美国，开始订阅 IBD。肯特觉得好像走了一个循环：从 60 年代开始，他从事投资买进成长型股票，接着开始负责管理 ARCO 的基金，现在开始通过 CAN SLIM 系统来投资。

他说自己"严格遵照 IBD 的《大画面》栏目的提示来行事，关注股市的大方向。IBD 对股市和股票信息列举得很清晰，很有帮助，而且还有其他基本面的数据。"

如果他已经安排好缓冲，而且基本面信息都很好的话，他经常会把赢家股票持仓更久一点。肯特常常在股价正常回落的时候继续持仓，前提是在图表上看不出有机构投资者在大量抛售。他 2010 年就买进了苹果公司的股票，一直等到 2012 年 9 月才卖出。

肯特是加利福尼亚州蒙特次托 IBD 读者俱乐部的负责人，他非常努力地帮助其他投资者。他说："去授课也能经常提醒我要遵循哪些原则。"

・要点・

● 对赢家股票可以加长持仓时间，前提是安排好缓冲，而且基本面信息都很好，同时机构投资者也没有大量抛售。

➤ 不要太难为自己，要学会耐心

1995 年，贾韩达·卡科万德在图书馆里研究一些工程方面的东西时，无意间看到了《笑傲股市》。看完这本书之后，他开始仔细读 IBD，后来，他在股市也做得不错，把工程师的工作给辞了，1999 年开始全职做投资。

他摒弃了关于投资方面的一些误传，其中一个误传就是"投资像赌博"。他说："个人投资者有很大的优势。他们可以比机构投资者更快速地进出股市，并且，如果采取了正确的预防措施，可以做得非常好。"

"必须接受事实。如果你是新手，肯定会犯很多错误。刚开始的时候，就像是婴儿在学走路。你得不停地尝试，不管你跌倒过多少次。要对自己有耐心。如果你在投资方面有了进展，要保住你的成绩。"

"有一些关键东西不要忘记：不要和股市对着干，必须尊重股市，这个原则高于一切。"

贾韩达在 2007 年对百度股票的投资非常成功。"2007 年的时候，IBD 刊登了不少关于百度的文章，开始引起我的注意。2007 年 6 月，我以 132 美元的价格买进，10 月份以 320 美元的价格卖出，那时候，股票单日的成交量非常大，我净赚了 142%。"

```
•  要点  •
```

- 必须接受事实：如果你是新手，肯定会犯很多错误。
- 要对自己有耐心。
- 不要跟股市趋势对着干。
- 看 IBD 的文章，寻找赢家股票。

➤ 找志同道合的投资者

杰瑞·鲍威尔在 2011 年听了比尔·欧奈尔在阿纳海姆 IBD 读者见面会上的演讲，他说这次的演讲对他影响非常大。"比尔把很多东西简单明了地做了介绍，我听得很明白。"

杰瑞比较喜欢 CAN SLIM 系统，他学会了一点，如果股市开始走下坡路，必须将手中的股票套现。杰瑞说，他开始知道，为什么"'买入收藏'的战略会害死人"。

杰瑞虽然投资股票取得了成功，但还是对自己的退休金有些担心。他根据 IBD 和 Investors.com 来找寻赢家股票，用 CAN SLIM 系统投资，来寻找他"未来的鸡蛋"。

他学会损失小数目就止损，并坚持在股价比买入价低 7％或 8％时就抛售。

2011 年 12 月 21 日，苹果股票出现升势确立日之后不久，他就买进了。他知道，在升势确立日之后买进股票，容易抓住最佳股票的上涨。他以 396 美元的价格买进苹果股票，并于 2012 年 4 月 11 日以 624 美元的价格卖出，净赚 57％。

他的方法很简单：每天查 IBD 的《大画面》栏目，关注股市动向；从

IBD 的众多栏目中寻找股市的最活跃股票，一旦出现盘整之后的突破，立刻买进。有了 20％～25％的利润，立刻抛售；跟其他投资者保持联系，讨论股市大方向以及领军股票。

杰瑞在脸书网站上发起了一个讨论小组，和其他投资者分享信息。他说，做股票交易是一件非常孤单的事情。"自己一个人交易，很容易就会很兴奋或者很沮丧。得跟其他人保持沟通，这样才能保持心理平衡。"

杰瑞是 IBD 钻石吧地区读者俱乐部的成员，他说，教学的质量和学员的积极参与让他巩固了对 CAN SLIM 系统的理解。

· 要点 ·

- 看 IBD《大画面》栏目，关注整体股市动向。
- 看 IBD 其他栏目，寻找股市的最活跃股票。
- 参加 IBD 读者俱乐部。

约翰·迈克尔

约翰是一名律师，也是全美国最活跃的 IBD 读者俱乐部——帕萨登纳读者俱乐部——的负责人。他为了让成员们能够在两次读者见面会之间也保持联系，组织了一个谷歌小组，让大家通过谷歌的电子邮件平台来保持联系。

他们俱乐部的成员可以随时用电子邮件跟其他成员联系、讨论股票的事情。电子邮件是对所有成员发的，愿意讨论的都可以参与。约翰觉得用这样的方法能让成员随时了解哪些股票要出现突破了，或者要猛跌了。同时，他们也可以回答新手关于股票或整体股市的问题。一些有经验的投资者也会经常来演讲并介绍经验，让新手多参与、多学习。

约翰也把有注解的图表发给大家，介绍股票的基本面信息或技术信息。约翰说，在教学和帮助他人的过程中，自己也在不断掌握股市动向，同时也在看那些领军股票的动向。

早在成立 IBD 帕萨登纳读者俱乐部之前，约翰就非常兴奋，因为他在圣莫尼卡已经参与了读者俱乐部，也认识了不少对 CAN SLIM 投资系统有见解的人。"那个俱乐部我参加了两年，不仅交了一些好朋友，还巩固了自己的交易技巧，增强了自己的信心。"

约翰的主业是律师，非常忙，有时会错过一两只出现突破的好股票。但是他知道，好股票通常还有其他的时间点可以买进，如跌破 10 周均线的时候。他还知道，股市稳步上涨的时候，通常还会有其他几只优质股票可以买。所以，如果错过了一只，总会有其他股票在准备突破。约翰通常会同时拥有大约 6 只股票，而且他在慢慢调整，希望只保留最佳的几只。

"我都是通过看 IBD 找到要交易的股票的。"他说，"我一边看报纸，一边看 MarketSmith，这样我就可以研究自己感兴趣的股票的图形了。"

约翰回想起那些让他赚到大钱的股票，心里非常高兴。"EMC 电脑数据存储公司的股票，是我的第一笔大交易。现在回想起来，我觉得非常幸运可以赚 400％，并且，后来还可以赚更多。"（EMC 集团 1996—2000 年股价周 K 线图如图 7—26 所示。）

"我最初是从 IBD 报纸上的一篇文章开始研究股票的，后来我在一个交易会上碰到 EMC 的一位高管人士，他使我对这家公司的发展很看好。"

"当时我还不太了解抛售原则，到 2000 年底股票都触顶了还没有抛售。后来，我看了 IBD，说领军股票开始下跌，抛售日成交量增加。所以当 EMC 猛跌至 200 天均价以下时，我就将它抛售了。"

（陆船公司 2005—2008 年股价周 K 线图如图 7—27 所示，奇普托利墨西哥烧烤公司 2007—2012 年股价周 K 线图如图 7—28 所示。）

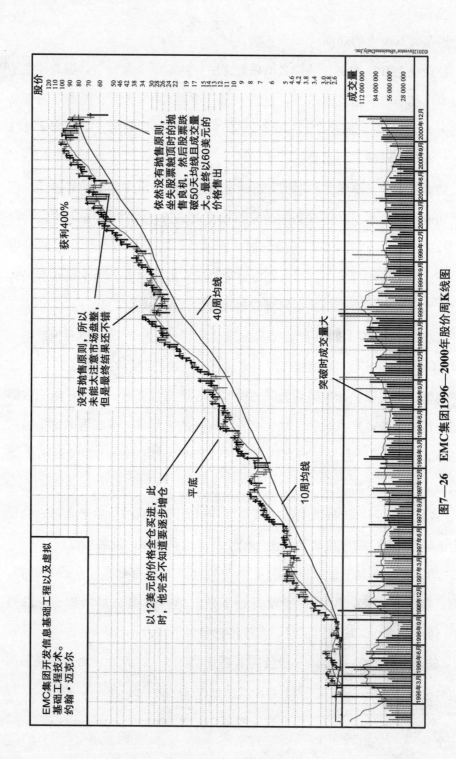

图7—26 EMC集团1996—2000年股价周K线图

EMC集团开发信息基础工程以及虚拟基础工程技术。
约翰·迈克尔

获利400%

依然没有抛售原则，坐失股票触顶时的抛售良机，然后股票跌破50天均线且成交量大。最终以60美元的价格售出

没有抛售原则，所以未能大注意市场盘整，但是最终结果还不错

以12美元的价格全仓买进，此时，他完全不知道逐步增仓

40周均线

平底

10周均线

突破时成交量大

股价

成交量

©2011Investor'sBusinessDaily,Inc.

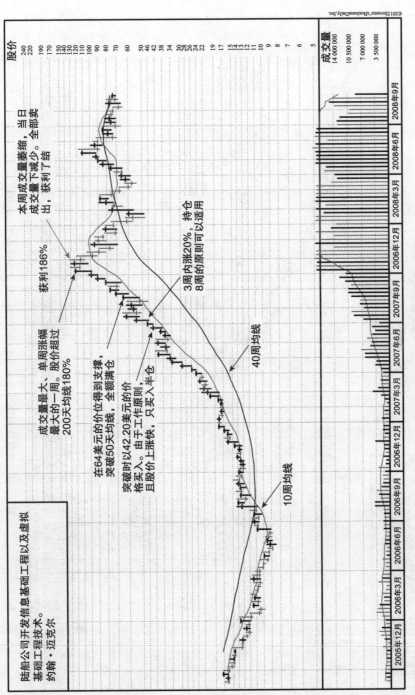

图7—27 陆船公司2005—2008年股价周K线图

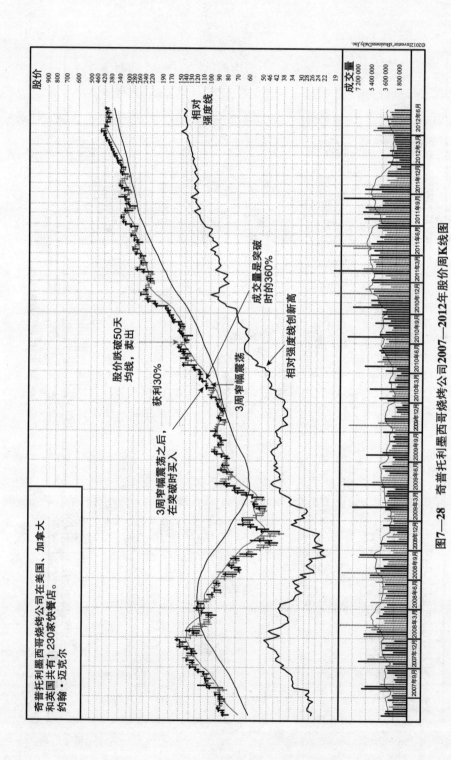

图7—28 奇普托利墨西哥烧烤公司2007—2012年股价周K线图

```
┌─────────────────── • 要点 • ───────────────────┐
│                                                  │
│  ● 考虑组建一个谷歌小组，通过电子邮件和其他投资者进行讨论。  │
│  ● 赢家股票往往有多个买入点。                        │
│                                                  │
└──────────────────────────────────────────────────┘
```

➤ 换职业：全职投入股票交易

德布拉·克鲁特的父亲从 20 世纪 90 年代就开始培养她对股票的兴趣。她先是投资一些共同基金，但从 1999 年开始，她对股票产生了兴趣。虽然德布拉的投资已有小小得利，但她还不了解如何密切关注股市和个股。

在她加入佛罗里达州清水地区的 IBD 读者俱乐部之后，一切都发生了改变。她每个月都去参加免费的读者见面会，开始更加了解 IBD 和 Investors.com 网站。那时她已经准备好，要全力以赴地学习了。

2011 年 3 月，纳帕维尔的 IBD 读者俱乐部负责人到清水做了关于转换职业的演讲。德布拉多年来都在一家全球性的大企业当会计，但是她很想在股票交易上多花点时间，甚至全职从事股票交易。这次的见面会讨论让她了解到这种可能性真的存在。

那年底，MarketSmith 的总裁——比尔·欧奈尔的儿子——斯科特·欧奈尔来到清水的读者见面会，他的一些话引起了德布拉的共鸣："如果股市不值得你投钱，那就别投。"

德布拉又参加了几个 IBD 的高级培训课程，她也开始分析过去 3 年中每笔交易的情况和经验。这次分析帮助她了解到在交易中哪些地方还需要改进。

她对过去的交易并不是不满意，而是把它们当作非常好的学习经验。她说："错误就是学习。分析我哪里做错了，以后就不会再犯那样的错误了。"

2012 年 1 月的时候，德布拉注意到股市开始发生变化，她发现机会出现了，有新的上升趋势。

"如果有领军股票准备突破了，而整个股市也表现强劲的时候，你必须抓住机会。"德布拉开始了全职投资股票的生涯。

她获得了以下成功：

特拉特公司（2011—2012 年股价日 K 线图如图 7—29 所示），11 周获利 23%

苹果公司，13 周获利 33%

万事达信用卡公司（2011—2012 年股价日 K 线图如图 7—30 所示），11 周获利 21%

• 要点 •

- 做交易后分析，寻找需要改进的地方。
- 随时做好可以迎接新上升趋势的准备，这样就可以随时抓住股票突破的时间，把握机会。

➤ 学习如何抓住赢家股票

杰夫·黑斯达特是马里布的派帕丁大学高年级的学生，有一次受大学同学学长的邀请去他家用餐。晚餐中，杰夫认识了一位成功的股票经纪人，他介绍说股市是一个能让年轻人赚钱的大好场所，但是得工作刻苦。财务上的收益和智力上的挑战对杰夫很有吸引力，所以不久之后他在美林公司找到了一份工作。

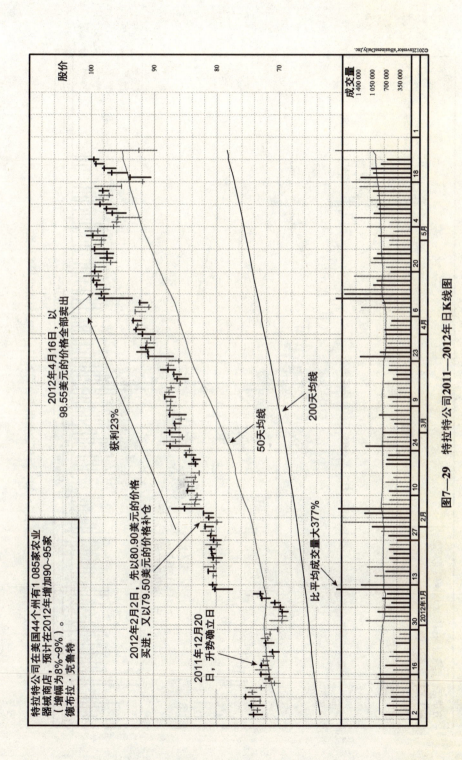

图7—29 特拉特公司2011—2012年日K线图

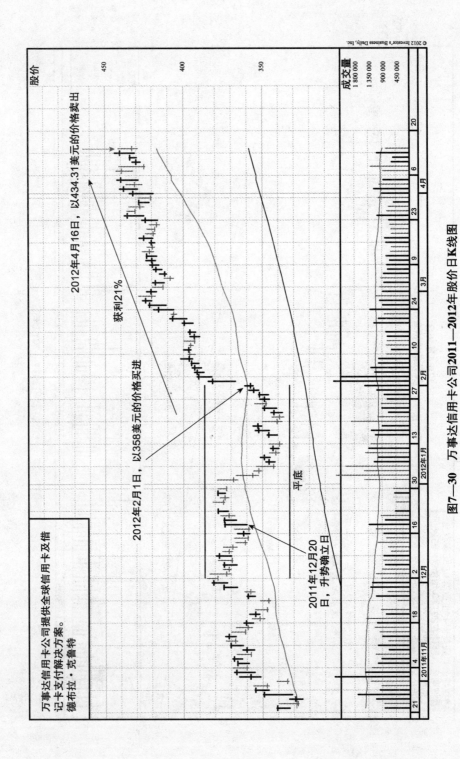

图7—30　万事达信用卡公司2011—2012年股价日K线图

同事介绍他看 IBD，还有《笑傲股市》。这本书让他了解了基于事实的投资系统，他觉得很受用。杰夫说，他定期看 IBD，同时还订了"每日图表"工具（后改名为"MarketSmith"），他每周六中午会从图表册中挑选即将突破的股票。他说："那个时候还没有互联网，也没有什么制图服务，所以'每日图表'的服务非常重要。"

1998—1999 年间，杰夫买了很多像雅虎股票这样的技术热股，因为那时候这些股票都在突破。他的整体战术就是在枢轴点买入股票，但是只要股市稍有风吹草动，他就会抛售。

从 1998 年 1 月到 2000 年 2 月这 26 个月期间，杰夫的资金增长了 750%。

杰夫给自己安排的固定工作是每晚看 eIBD，即电子版的 IBD。他要看是不是有什么新的点子，还特别关注那些与众不同的公司。他对 CAN SLIM 中的"N"非常留意，因为"N"代表的是消费者有大量需求的新公司、新产品和新服务。

在股市开盘期间，杰夫会用"MarketSmith"来关注有成交量大的股票，并判断这些股票是否会出现突破，是否需要立即采取行动。如果市场比较强劲，但是某天开市走低，他就想看看哪只股票会逆流而上，出现突破。多年来，杰夫用这样的方法找到了许多赢家股票。

杰夫回想着从开始学投资到现在的学习经历，他说，自己从 1990 年开始参加的 IBD 读者俱乐部对他影响非常大，而且他也离不开俱乐部的帮助。这些年来，杰夫一直都参加 IBD 读者见面会，还有高级培训课程。他说："我学到了好多重要的东西。每个培训课程都是宝，我不断地在学习。"

"我学到的最重要的东西是：八九十年代的大赢家股票机遇我没有最大

限度地抓住，如思科、微软、英特尔、戴尔还有家得宝，那些都是可以改变人生的股票。虽然我在 90 年代的时候赶上了科技股的兴起，获得了不错的利润，但是我当时还不是很老练，也不知道该如何持仓，抓住最大的利润。"

"不过我还是很兴奋，因为我相信我们正处于一个长期牛市的边缘。比尔·欧奈尔和克里斯·格塞尔在 2012 年 8 月的一个网上论坛中讨论了这种可能性。我正在对自己的交易风格做相应的调整。今后如果新时代来临，我就可以真正地大干一场，最大限度地抓住最佳股票的利润。这三年，我对苹果公司的股票投资就做得不错，取得了高于最初买入价值 5 倍的收益。"

杰夫的一些赢家股票包括：

卡骆驰（2006—2007 年股价日 K 线图如图 7—31 所示），2007 年，获利 223％

百度（2007—2008 年股价日 K 线图如图 7—32 所示），2007 年，获利 61％

苹果（2007—2012 年股价周 K 线图如图 7—33 所示），2009—2012 年（9 月中旬仍然持仓），获利 444％

· 要点 ·

- 在开市期间，寻找成交量大的上涨股票，用 MarketSmith 或 Investors.com 的《股票动向》来筛选股票。
- 特别关注 CAN SLIM 中的 N，因为 N 代表的是消费者有大量需求的新公司、新产品和新服务。

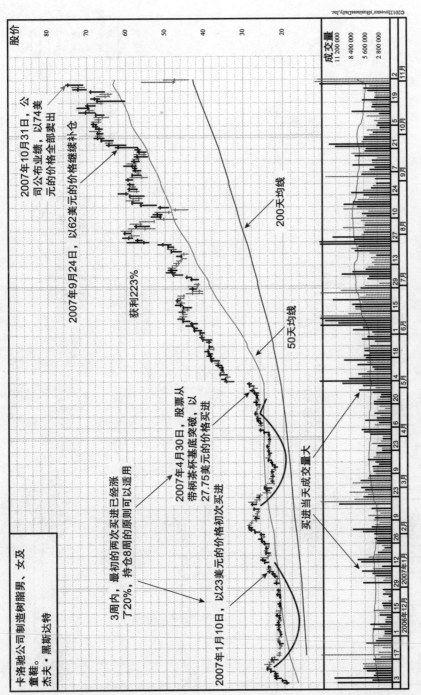

卡洛驰公司制造树脂男、女及童鞋。杰夫·黑斯达特

2007年10月31日，公司公布业绩，以74美元的价格全部卖出

2007年9月24日，以62美元的价格继续补仓

获利223%

200天均线

50天均线

2007年4月30日，股票从带柄茶杯基底突破，以27.75美元的价格买进

3周内，最初的两次买进已经涨了20%，持仓8周的原则可以适用

2007年1月10日，以23美元的价格初次买进

买进当天成交量大

股价

80
70
60
50
40
30
20

成交量
11 200 000
8 400 000
5 600 000
2 800 000

C2012Investor'sBusinessDaily,Inc.

图7—31 卡洛驰公司2006—2007年股价日K线图

103

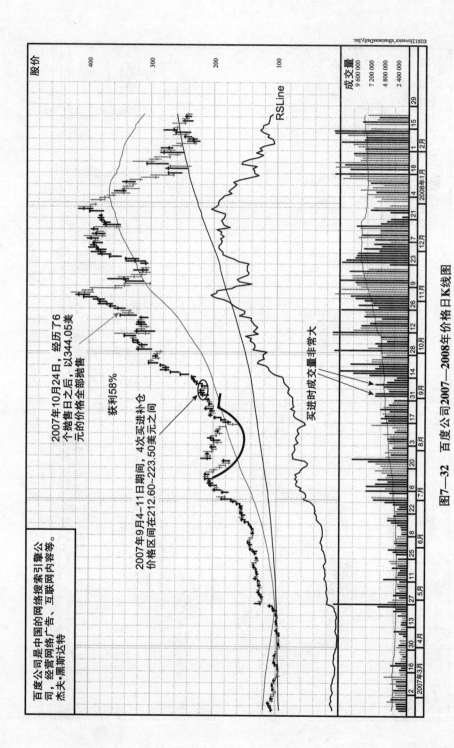

图7—32 百度公司2007—2008年价格日K线图

百度公司是中国的网络搜索引擎公司，经营网络广告、互联网内容等。杰夫·黑斯达特

2007年9月4—11日期间，4次买进补仓价格区间在212.60~223.50美元之间

获利58%

2007年10月24日，经历了6个抛售日之后，以344.05美元的价格全部抛售

买进时成交量非常大

RSLine

股价

400

300

200

100

成交量

9 600 000
7 200 000
4 800 000
2 400 000

©2012Investor'sBusinessDaily,Inc.

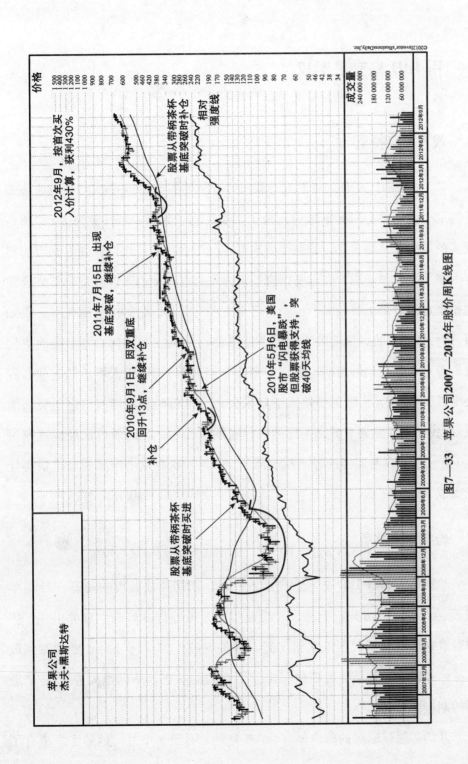

图7—33 苹果公司2007—2012年股价周K线图

➤ 用 IBD 来交易期权

戴夫·惠特莫

2007 年 6 月 29 日，星期五，戴夫排着队要买 iPhone 手机。在匹兹堡郊外的那个购物中心只剩下最后几台了，他买到了其中一台。戴夫说："那是我买的第一个苹果产品。我整个周末都在玩那台手机，比广告和大家说的都好太多了。我很幸运，在全美国有很多海军战友，他们告诉我每个苹果公司的销售点门口都大排长龙。出于自己对 CAN SLIM 系统中 N 的理解，我知道，对 iPhone 的大量需求将会推动苹果公司的利润和销售，并会推动机构投资者对苹果股票的抢购。所以，星期一当股价升到 21 天均价的时候，我决定以 1.20 美元 1 股的价格买下苹果公司 7 月份的看涨期权（也叫买入期权）。我在期权涨到 9 美元 1 股的时候将期权卖出，当时股价已经远远超过 140 美元了，在两周半的时间里上涨了 750%。我对这个产品的坚定信心让我做成了这笔交易。"

珍妮·麦格鲁

珍妮每天都看 IBD 的《大画面》栏目，密切关注股市的动态。2011 年 12 月的时候，股市开始上涨，珍妮观望着，想等待升势确立日的出现，还想看看有哪些领军股票基底状况好，准备突破。2012 年 1 月，她注意到股市整体非常强劲，领军股票也保持住了它们的状态，所以她买进了 SPY 股票的期权。

开始的时候珍妮的账户里有 30 万美元，不到 3 个月，她的账户里有了

41万美元，增长了36％。她说："最重要的是控制好风险，把损失控制在最小范围。"

·要点·

- 《大画面》栏目是了解股市整体动向的好工具。
- 在 Investors. com 网和 IBD 上看《股票动态》，寻找大幅上涨或下跌的股票，等待各种期权交易的可能性。

第八章

黑带考试：改变命运的投资时刻

山再高也遮不住太阳红。

——中国谚语

有一个禅宗的故事，说的是一位禅师和一位弟子出去散步。师父让学生观察一只正在追野兔的狐狸。师父说："兔子肯定会逃掉的。"弟子说："不会。"师父很坚定地说："狐狸虽然跑得比较快，但是兔子会逃脱的。"弟子问为什么。师父说："因为狐狸是为了一顿晚餐而奔跑，兔子却是为了活命而奔跑。"

➤ 芭芭拉·詹姆士

跟芭芭拉相濡以沫 30 年的丈夫几年前突发心脏病去世了，芭芭拉之后开始接触 IBD 并进行投资。她在一家大企业当高管秘书，丈夫去世一年半之后，她被公司解雇了。已经快到退休年龄的她认为别的公司不可能以高工资来聘请她工作了，福利部门也无法提供帮助。

股市强劲，谨守原则，最终获利

当芭芭拉在 2004 年知道自己将被解雇之后，就用 20 世纪 90 年代从股票交易中赚的钱付清了房贷、车贷。当时她的获益情况是：EMC 股票 1 300%，Gap 股票 200%，甲骨文股票 254%，英特尔股票 235%，还有思科股票 44%。

丈夫的去世，再加上被解雇，使得那段时间她情绪比较低落，但是有类似经历的投资者给了她一些帮助。她说："要对自己的能力有信心。你必须做些研究，必须学会如何看股票图表。看图表是视觉艺术。你能看到些什么？股票图表向你显示了什么？你应该采取相应的行动。你必须以股市整体走势作为指导方向，判断买卖的最好时机。"

芭芭拉很谦虚地说，她没有任何金融方面的经验。"我做过房地产，也做过秘书，所以，如果我能投资成功，你也能。"

芭芭拉主要是从 IBD 的培训课程里学到交易知识的。这些年来，她定期参加培训，并且每次都学到了新东西："活到老学到老，这样才能有进步。还有，报纸上每天都有很多内容，有很多有益的资料能帮助投资者更好地看图表，帮助他们获得成功。"

固定的学习安排非常有好处

芭芭拉每天都固定地做一些事情，因此她不会错过任何一个领军股票突破的机会。

1. 在投资前的准备期间，芭芭拉看《大画面》和《股票动向》栏目，看股市是看涨还是看跌。她会在报纸上圈出中意的股票，并添加在关注清单中。

2. 接下来，她会打开两个 MarketSmith 的电脑页面。

a. 第一个页面是威廉·J·欧奈尔的页面，上面会跳出符合 CAN SLIM 条件的所有股票。芭芭拉会判断这些符合条件的股票是不是处于盘整期，是不是已经快接近买入点了。

b. 接着，她会打开另一个页面，看哪些股票成交量大，因为这是追踪机构投资者是否已经买进的方法。

3. 接下来，她会看《领军榜》，这个栏目给她省了很多时间，因为这个栏目"集中介绍当前股市的领军股票"。

4. 最后，芭芭拉会在 Investors. com 上看《股票动向》，看哪些股票的成交量大，也就是说，看哪些股票有机构投资者的参与。

芭芭拉要寻找在她看的几个单子上都出现的股票。如果同一股票在各个关注清单上都出现了，这说明她找到了会有大动作的股票。

芭芭拉说："诀窍在于要找到适合自己习惯的固定学习安排，你每天都能坚持做的安排。"芭芭拉的习惯还包括每天早上给一个投资者朋友打个电话。他们会一起讨论股市大方向，还一起研究图表，寻找即将突破的股票。

芭芭拉最能严格遵守 CAN SLIM 原则，如果股票涨了 20％～25％，或者股票跌了 7％～8％，她都会抛售。在比较动荡的股市，她会在股价比买入价低 5％或 6％时就抛售。

2009 年，芭芭拉有以下获利：

福麒国际，42％

绿山咖啡，21％

F5，15％

西弗威顿集团，39％

SPDR 黄金，17％

另外，她在 2010 年有以下获利：

NetApp，21％

SanDisk，27％

在公司发布业绩报告的时期，一定要记住报告发布的日子

芭芭拉承认，那一年，她喜欢上了 F5 公司的股票，共买进 3 次。4 月份的时候，她卖出一部分，赚了 12％，11 月份又卖出一部分，赚了 22％。

但是第三次的情况就不理想了。她打破了自己制定的原则，在公司发布业绩报告之前就买进了。F5 公司的业绩报告让大家非常失望，股价猛跌 26％。她说，这是个惨痛的教训，她再也不会在收益数据出来之前就买进了，因为什么事情都有可能发生。一只股票可以在收益数据好的情况下飞涨，也可能由于投资者的失望而猛跌。芭芭拉在 F5 公司股票上赚的钱全部赔了回去。她说，由于她之前的股票投资都做得不错，所以她没有把公司发布业绩报告的时间记下来。（F5 公司 2010—2011 年股价日 K 线图如图 8—1 所示。）

芭芭拉最高兴的事情就是能帮助新投资者。她在 IBD 的《财经》节目担任兼职，这个节目全年播出。她跟新投资者一对一面谈，传授技艺，一起找赢家股票，还跟他们分享如何更有效地使用 IBD。芭芭拉觉得她是在帮助一些女性以及退休的投资者，他们都比较担心自己年老时的经济状况。她听过许多令人心痛的故事，投资者因为没制定好抛售原则，把 40％～50％ 的退休金都给输掉了。

芭芭拉把自己的故事跟他们分享，讲述自己是如何克服经济难题的。她还鼓励他们学习 CAN SLIM 投资系统来改变人生，走向更好的未来。

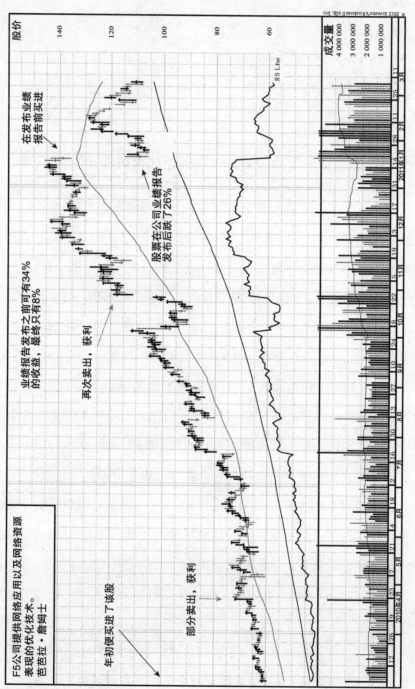

图8—1　F5公司2010—2011年股价日K线图

芭芭拉说："我自己管理股票投资组合账户，包括我的主要投资账户以及退休金账户。要学的东西很难，不只是上课和学习看股票图表。我需要克服的最大障碍是建立对自己的信心。我的成功证明了，我有投资理财能力，可以管理自己的财务，比以前靠经纪人强。这是我在心理上获得的最大突破。我以前把自己的钱交给理财专家，他们肯定没有做到像我这样清楚仔细。我现在可以说，没有人可以比我更好地管理我的财务状况了。"

目前的股票收益可以让她每年到世界各地的度假胜地去旅行一个月。她去过印度、另一些亚洲国家、哥斯达黎加、非洲、澳大利亚、新西兰、东欧以及其他地方。

· 要点 ·

- 学习看图表。
- 必须以整体股市走势作为指导方向，判断是不是买卖的最好时机。
- 遵循每日固定的安排来跟进股市动向和领军股票。
- 如有 20％～25％的利润，大多情况都应立即抛售。
- 在股价比买入价低 7％～8％的时候，立刻抛售。
- 在公司公布收益之前，千万不要买进股票。

➤ 杰瑞·萨米特

杰瑞从事职业股票投资几年后才接触到 CAN SLIM 投资系统。1987 年的股市大崩盘让许多股民痛苦不堪。之后，杰瑞的一位朋友给他推荐了一份报纸——《投资者商业日报》，即 IBD。杰瑞看完报纸上的高水平文章和信息后，立刻买了一本《笑傲股市》，如饥似渴地读了起来。突然间，杰瑞似乎开窍了，原来股市的很多东西连他这个职业投资人都没有搞清楚，现在似乎都变得清晰了。

1991 年牛市开始的时候，杰瑞和一位合作伙伴成立了一家公司，开始把他学到的投资知识付诸实践。

价格涨了 3 倍的股票仍然可能上涨

杰瑞买 ECI 通讯公司股票的经历，让他自己都大开眼界。1991 年 8 月他买进该股票之前，那只股票的价格已经涨了 3 倍。杰瑞 1992 年 3 月卖出的时候，股价又涨了近 200%。在学习 CAN SLIM 系统之前，杰瑞认为："某股票价格已经涨了 3 倍，怎么会有人发疯般地去买它？"

未知的一切

1992 年，杰瑞发现自己身处困境，压力非常大。他的合作伙伴突发心脏病去世了，留下 1 000 万美元的资金给他一人经营。杰瑞说他不懂得如何经营企业。他没日没夜地跟客户解释、回答问题，要做好这一切，他觉得太困难了，因为他需要负责进行交易。另外，他在心理上也承受了太多压力。有一些客户随时都想进场交易，即使大环境不好也是如此。1994 年，杰瑞做了一个决定，放弃职业财务管理的业务，把客户的资金全部退还给他们。不过，那时候他已经用客户的资金完成了几个成功的交易，因此对 CAN SLIM 系统非常有信心。

低谷的教训

1999 年 10 月，杰瑞买入 QLGC 股票，获利 150%。如果不是在股票触顶之后太久才抛售，他原本可以赚更多。（QLGC 公司 1997—2000 年股价周 K 线图如图 8—2 所示）。

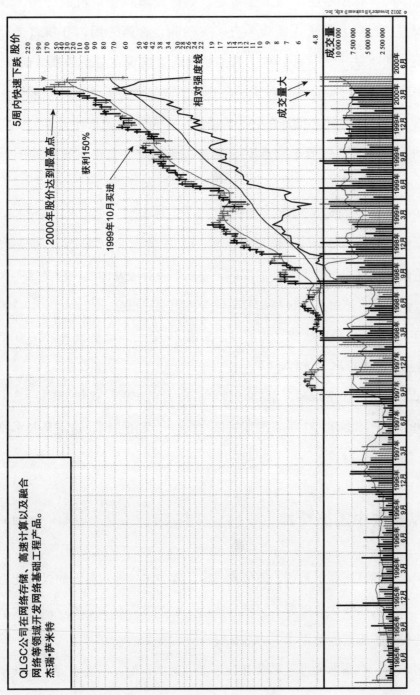

图8—2　QL GC公司1997—2000年股价周K线图

那个时候，杰瑞还不是十分清楚该如何处理触顶阶段的交易。触顶的情况是这样的：股价先缓慢攀升，突然间，在两三周内狂飙直上。接着，就开始下跌了。这种狂飙上升的情况通常出现在股票触顶的前夜。

杰瑞以前有过买卖 ECI 股票的经验，所以他才会买下 QLGC 股票。他买下这只股票的时候，也是在它的价格涨了 3 倍之后，正如 ECI 的股票一样。他从中学到了一个非常重要的经验：赢家股票会重复它们的图形和表现。

1999 年，杰瑞买入 EMC 股票并获得了一些经验。他以 68 美元的价格买进，但是股票走势不好，他及时止损，以 61 美元的价格卖出。但是股票又开始渐渐形成一个带柄茶杯的图形。杰瑞学着看股票图表，但是第一次没学好，错过了。不过，超级赢家股票都会再出现好机会。

11 月，EMC 股票从基底突破，他又以 75 美元的价格买入，2000 年以 112 美元的价格卖出，获利 49%。

2003 年 3 月，杰瑞买了 JCOM 股票，10 月份卖出，获利 198%。

他学会了：要在一个牛市周期里抓住机会，获利了结。这正是领军股票飙升，赚大钱的时候。

➤ 从挫败中重振精神

接着杰瑞就受到了重创，原因有很多，其中包括他对自己的投资能力过度自信。这次挫败让他损失了一半的资金。对于投资老手来说，损失大量资金是比较痛苦黑暗的阶段。人容易怀疑自我，丧失信心。

多年来，杰瑞参加过很多次 IBD 培训。这次，他又回去上课，开始复习课堂上的那些教材。他意识到自己的第一个重大错误是没有及时止损，没有尽量减少损失。杰瑞在不断检讨交易中犯的错误，他了解到，交易成功时的快乐以及失败后的低落都会冲昏他的头脑。他开始跟随一位专业的精神分析师学习如何在每天的股市交易中控制自己的情绪，保持冷静。

他发现，成功的时候是最危险的时候，因为成功使人懈怠："股市会证明，你变得太骄傲了。"

在改正自己的交易错误之后，杰瑞取得了更大的成功。

他笑着说："如果一切顺利，我就开始变得很兴奋，那就是股市快要触顶的征兆。"

如今，如果交易顺利，他会很冷静地套现，带上家人出去度个假。他了解到，在交易成功的时候，要给自己一点奖励，即使是小小的奖励，这非常重要。这能让他控制好自己的情绪，不会太过自信。

杰瑞学到的最重要的教训是：你可能在一次涨势中赚大钱，但也可能在一次盘整过程中全部赔出去。这可太让人揪心了。他说："要远离盘整中的股市非常困难。在熊市中也会出现大幅上涨的日子，这能引诱你再次入场，于是你买进股票。你可能会损失一些，接着又买进，再损失多一些。如果多来几个回合，即使你懂得止损，还是会很快输掉很多钱。"

为了保住自己在股市上涨过程中已经赚到的钱，当股市只有 3～4 只股票明显上涨时，他不会买进股票。他要等到股市的升势真正确立后才出手，也就是说，要有 10～15 只股票在准备突破的时候才出手。"如果股市看上去不强劲，你就不可以进场。"

领军股票清单

为了辨识股市是强还是一般，杰瑞给自己设计了一个"领军股票清单"，上面有 15 个板块的 20～25 只股票。他会在每个升势开始的时候都做这项工作。他会把升势开始时表现比较强的股票都找出来。

不少股票都已经突破了。股价上升比较多的是必须关注的,因为杰瑞根据股市的历史了解到,这些股票非常可能会涨得更高。创新高的股票通常还会继续上涨。

杰瑞关注的股票是基本面信息比较好、收益高、产品和服务销量大并且需求量大的股票。

他根据自己的"领军股票清单"来评估市场的强弱,而且每天都更新清单。他每天都用电邮将邮件发送给几个IBD读者俱乐部的成员。他说这样与人分享可以让自己了解"市场在干些什么"。杰瑞也在几次IBD读者见面会上讲过课,他非常喜欢在课堂上分享自己的观点。

他说:"我可以穿着夏威夷休闲衫和短裤去工作,想来就来,想走就走,想跟家人去度假就去度假,也没有老板来告诉我要干些什么事情。这非常适合我的个性。"

· 要点 ·

- 赢家股票会重复它们的图形和表现。
- 如果你第一次买某只股票时没有取得很好的收益,那就继续密切关注这只股票。可能还有更多的机会出现。
- 在牛市的时候,尽早进场,这非常重要,因为那是股市领军股票开始涨的时候。
- 如果你在股市一切顺利,请控制住自己的情绪。
- 如果交易成功,给自己一点奖励,小小的奖励也可以。
- 远离杂乱无章的股市,因为即便是小损失也会越积越多。

▶ 迈克·希克斯

迈克第一次对股票感兴趣是因为大学选修的商业课程。他的第一个工作单位是一家会计师事务所，那里有一个图书室，里面有一些关于股票的书籍。他看过几本书之后，决定进股市闯一闯。

最初几年

迈克最初以为价格低的股票比较有意思，所以他就买进了"拉马达"股票，因为股价不到5美元。他获利13％。第一次炒股就有这样的成绩算是不错了。但是，他很快就了解到，要重复那样的成功困难很大。

几年下来，他仍对市场的信息摸不着头脑，也不知道自己该遵循哪一种投资方法。

迈克一直在买低价的股票，因为他还没有信心买已经涨得很高的股票，总觉得那些股票风险比较大。由于他一直买价格低的股票，收益不高，再加上他的一些个股投资经常损失惨重，因此整体投资组合表现非常差。

1989年，有一位建筑师朋友跟他介绍了IBD。迈克盯着那报纸看了一会儿，阅读上面的详细信息。他说："我完全惊呆了，连站都站不住，几乎得找椅子坐下来，那是我一直在寻找的东西。"于是他下定决心，要把投资当做自己退休之后的事业。

迈克继续订阅IBD，但是他没有太多时间，因为会计师事务所的工作非常忙。迈克总是会东买一只股票西买一只股票，但是在2002年之前，他都没有真正严肃地投资。

迈克开始关注有不寻常特色的股票：成交量大、基本面信息非常完美。有一些股票是股市的领军股票，它们的收益和产品销售量比市场平均水平高，所以这些股票在上涨的过程中会经常出现在 IBD 的特色栏目里。

突 破

迈克 2002 年运用 CAN SLIM 投资系统买下的一只成功的股票是嘉敏公司的股票。他在股票形成带柄茶杯突破的时候买进，最终获利 74％。（嘉敏公司 2000—2003 年股价周 K 线图如图 8—3 所示。）

2003 财务年度非常忙碌，再加上迈克在嘉敏公司的股票上的成功，所以他决定要深入学习好 CAN SLIM 投资系统。他整个周末都泡在办公室里，从 Investors.com 网页打印了一大堆的教学资料。他看了这些资料，心中突然顿悟。他开始谨慎地考虑自己的情况：他要专注于基本面信息好、股票图表佳的股票。有一些股票的公司收益有两位数的增长，而且从盘整阶段开始强势突破。

迈克开始阅读所有比尔·欧奈尔推荐的书籍：尼古拉斯·达瓦斯的《我是怎么从股市赚到 200 万的》；杰拉尔德·洛布的《投资生存之战》；伯纳德·巴鲁奇的《我的故事》；以及埃德温·利弗莫的《股市作手回忆录》。

改变命运

2003 年，迈克在阅读 IBD《新美国》栏目的时候，看到有一家名叫"塔瑟"的电击枪公司的股票。他想这可能会是个赢家股票，因为警察如果有非致命性的武器，就可以更好地抓获犯罪嫌疑人。他于 2003 年 9 月买进了塔瑟的股票，10 月份卖出，30 天内获利 105％。

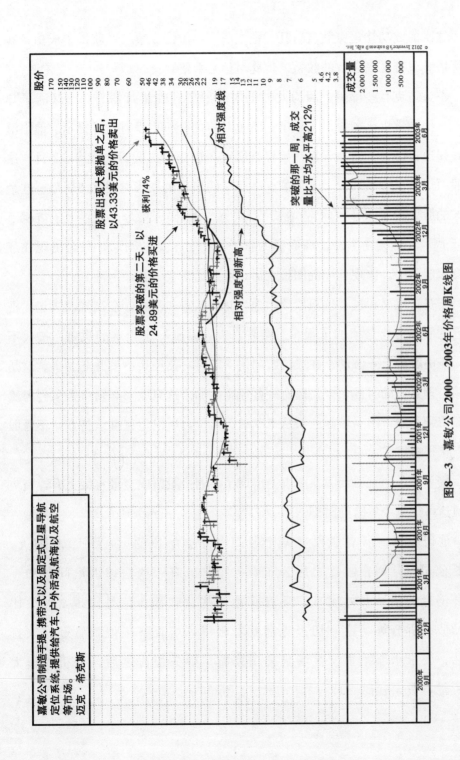

图8—3 嘉敏公司2000—2003年价格周K线图

121

这次的成功让迈克欣喜若狂，他之前买嘉敏的股票已经获得了成功，现在买塔瑟又有了3位数的收益。他此时信心百倍。

不过迈克有些郁闷，因为此时的塔瑟股票还在继续飙升——又涨了几倍——他知道自己抛售得太早了，不过IBD的分析也没有这样提示。他很沮丧，知道自己犯了错，于是开始仔细研究再进场的机会。2009年12月，这只股票形成了一系列的、罕见的、高而窄的旗子的图形（见图8—4）。这个时候的股票在4～8周内上涨增长了100％～200％。接着，股票上下徘徊了3～5周，又继续往上冲。高而窄的旗子是非常罕见的图形，只会出现在最佳赢家股票上。出现这样的图形之后，股票通常会一路往上冲。

于是迈克又买进了这只股票。他当时的状态非常好，在高峰时进场，把自己的股票持仓量增加了很多。接着，迈克做出一个很难的决定：按兵不动，任由股价上下波动。在股价、起伏不定时，要按兵不动并非易事。这是考验心理素质的时候，但是还有一些原则可循。这只股票必须得是久经考验的股市领军股。因为塔瑟股票从未跌破买入价，所以迈克继续持仓，不管股价起伏得多厉害。

接下来，他就看到股票图表上出现了高潮。股票成交量直线上升，迈克知道这可能是个危险的时刻。

他研究过，所有股票在某个时间点总会触顶的。4月19日那天，塔瑟公司原计划在收盘之后公布财务报告。有一些法律诉讼问题和一些坏消息的信号开始出现，还有其他一些黄牌警告信号出现，如大比例的股票拆分等。这一切迈克都看着眼里，当天下午他就给经纪人打电话，要求全部抛售。在塔瑟公司公布了财务报告之后，分析人士大失所望，股票猛跌29％。

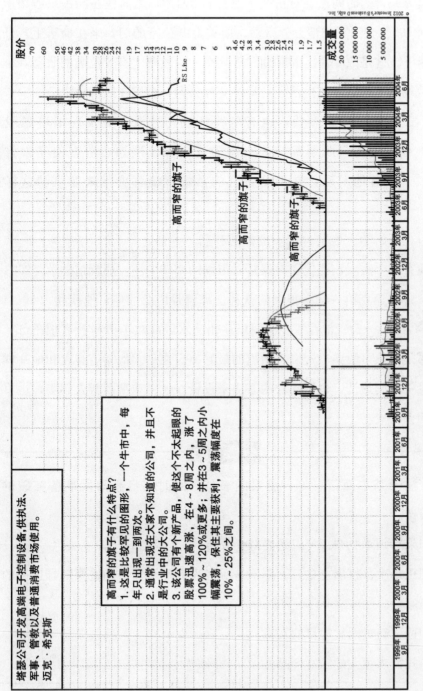

图8—4 典型的高而窄的旗子图形：塔瑟公司

塔瑟公司开发高端电子控制设备，供执法、军事、管教以及普通消费市场使用。
迈克·希克斯

高而窄的旗子有什么特点？
1. 这是比较罕见的图形，一个牛市中，每年只出现一到两次。
2. 通常出现在大家不知道的公司，并且不是行业中的大公司。
3. 该公司有个新产品，使这个不太起眼的股票迅速高涨，在4～8周之内，涨了100%～120%或更多；并在3～5周之内小幅震荡，保住其主要获利，震荡幅度在10%～25%之间。

© 2012 Investor's Business Daily, Inc.

迈克抛售的时间点绝对正确，他获利 294%，之前他在同一只股票上曾经获利 105%。迈克心情万分激动。他关上办公室的门，坐在椅子上，任凭眼泪淌下。这是改变命运的时刻。迈克在一只股票上有 6 位数的收益，他可以开始规划自己的退休生活了：卖掉会计公司，全职在股市投资。

不过，赚了那么多钱，也有一些坏处。自从迈克发现了塔瑟股票之后，他觉得每只股票都应该有潜力成为赢家股票，所有他经常打出漂亮仗。接着他发现，并不是所有的市场环境都会带来像塔瑟这样的收益。

迈克开始学会接受 20%～25% 的利润。

他有一个法宝，让他随时保持对市场的密切关注，那就是教学。2003 年 10 月，那是迈克第一次有很大的获利，那就是塔瑟股票，他获利 105%（见图 8—4、图 8—5）。他在家乡佛罗里达州清水区成立了 IBD 读者俱乐部。他说，那是他从事股票投资以来做出的最好决定之一。他知道有人和他一样对股市投资充满热情，也用同样的方法来投资。他喜欢帮助新人起步，也喜欢看他们获得成功。

· 要点 ·

- 专注于基本面信息好、股票图表佳，同时在盘整阶段准备突破的股票。
- 如果有领军股票，可以耐心持仓等待。
- 别想每次都打出全垒打。并不是所有股市环境都会创造像塔瑟这样的赢家。
- 阅读《新美国》栏目的文章。
- 寻找需求量大的独特产品。

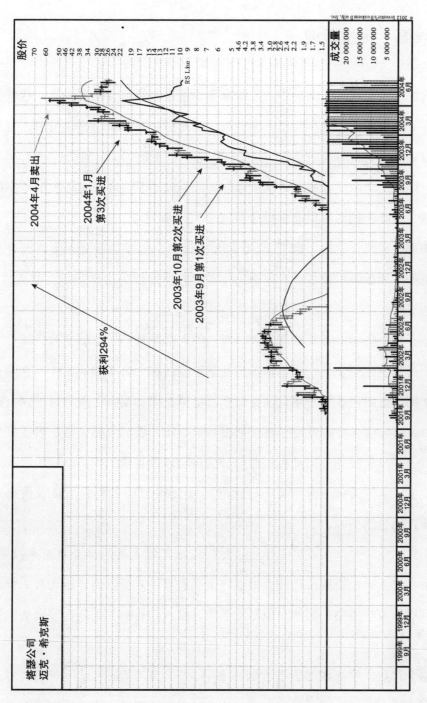

图8—5 塔瑟公司2001—2004年周K线图

➤ 埃德·霍恩斯坦

埃德出生于纽约长岛的中产阶级家庭。他小时候就接触到股票，他爸爸经常靠"热门贴士"来买股票。他爸爸买的每只股票据说都是热门股，每只都可以让他成为百万富翁。

但结局是，由于他爸爸听从了经纪人的错误推荐，在股市损失了不小的一笔钱。因此埃德对股票非常排斥。

埃德后来要读法律，借了 10 万美元的学费。他很快就意识到自己得找个好工作才能还清这笔贷款，这份工作必须向他这样的法律新手支付高达 6 位数的工资。

他开始上法学院，很快就发现，身边的人都是精英，智慧非凡。他发现他的智商远远比不上几个同学，如果他想毕业后在大公司找到工作，必须比那几个同学更出色。第一年，他要么在教室里上课，要么在图书馆里彻夜挑灯苦读。这样的学习态度终于有了回报：第一年，埃德取得了第一名的好成绩，被一家排名前列的律师行的纽约分公司聘请做暑期工作。

他上大学的时候从没有关注过股市，对于 2000 年的科技股以及网络股的泡沫，他全然不知。

不过，他毕业以后开始工作了，觉得应该把收入的一部分拿出来投资。他知道，在开始投资股市之前，他也应该了解股市，所以他开始看有关价值投资和股市策略的书。那些书他都看不懂，只看到有不少买低价股票的人损失惨重。

几个月后，埃德在书店里看到一本书——《笑傲股市》。他拿起来看了看，浏览了一下，决定要买这本书。他当时根本不知道，这个决定将改变他的人生。

书里讲的大原则都很容易懂。不久之后，《成功投资者》一书引起了他的共鸣。他回想起来，如果在 20 世纪 90 年代，他爸爸遵守了一些简单的抛售原则，他们是可以保住家里的一些财富的。

在 2002 年和 2003 年两年中，埃德把比尔·欧奈尔的书读了好几遍：《笑傲股市》、《成功投资者》以及《成功投资 24 堂课》等。比尔写这些书的目的就是让一些原则和指导方向深深烙在读者的心里。

初试锋芒

2003 年 3 月，一个新牛市形成了，埃德也开始投资股票。很快，他在 2004 年股市盘整之前，就以 5 万美元赚得了近 30 万美元。从书上学 CAN SLIM 投资原则跟实际操作是截然不同的。股市盘整之后，由于没有在下跌的时候及时离场，他赚到的每一分钱又都赔出去了。事后他进行了检讨，意识到，自己虽然已经学过 CAN SLIM 的抛售原则，却没有遵守。

在接下来的 3 年里，埃德深入学习并掌握了 CAN SLIM 投资系统的每一个细节，了解了该如何有效运用该系统。

除了学习，埃德还用自己的账户交易。他还"犯过每个投资者都会犯的错误。股市会影响人的情绪，让人不遵守原则，过度反应，犯下错误"。

因为没有导师，所以埃德全靠自己摸索，从错误中学习经验。虽然有时候会有损失，但他并不灰心丧气。他会调出图表，开始检讨自己的错误。他不断检讨，避免再犯同样的错误。

达到巅峰

2005 年底，埃德有了他的第一个"超级股票经历"。埃德错过了谷歌股票的前两次跳空，但是当该股票于 2005 年 10 月 21 日再次突破的时候，他买进了，而且数量对他来说是比较大的。他研究过领军股票之前的跳空突破模式，他知道，这次是获利可能性极大的机会，即使有人说股价已经过高。他在股票周 K 线图上看到成交量猛增，还看到买盘在不断增加。2006 年 1 月 20 日，埃德遵守了他自己制定的抛售原则，获得了巨大的利润。他的原则就是：如果股票以大成交量跌破 50 天均价，就得抛售。

埃德说："要对赢家股票长久持仓有时候是比较难的，你必须了解所有关于那只股票和公司的事情，因为如果你不了解产品，不了解产品在市场的有利地位，不了解为什么销量会增加，或者为什么那个产品或服务会有大需求，那么你很可能就会被淘汰出局。信心坚定绝对是对赢家股票持仓的关键。你得问自己：'这家公司为什么今后会成功？它有业界革命性的杰出产品或服务吗？'"

埃德注重的另一个重点是股票的可流通性。他需要找到机构投资者也想买的股票，成交量小的股票不会引起大型机构投资者的关注。

到 2006 年的时候，埃德通过 CAN SLIM 投资系统已经赚了很多钱，他决定追寻自己的梦想，积极投身股市。他一直都梦想着拥有自己的生意，而且 IBD 的《领导者与成功》栏目中介绍了很多成功人士，给了他很多鼓舞。

自由自在地追寻梦想

虽然埃德没有客户，也没有从事职业投资的经验，但是他觉得，如果能追寻自己的梦想，继续努力工作，好好遵守 CAN SLIM 的投资原则，他就能够成为一名全职的投资者。

2007 年底，埃德从律师公司辞职，开创了自己的理财公司。他慢慢建立起客户群，当 2008 年股市崩盘的时候，他已经把客户的钱全部安全套现。虽然说当时他不知道股市会有那么严重的崩盘，但他已经看到领军股票的猛跌以及金融股被大量抛售。他意识到，套现是唯一安全之举。

2009 年 3 月又有新牛市形成，那一年，埃德的公司做得非常好，于是他决定在 2010 年创办一个对冲基金。同年，基金也运作良好。但是在 2011 年的时候，埃德的处境比较艰难。那是他自创建公司以来第一次没有取得好的业绩。他回过头去检讨上一年的问题。他发现，他的投资组合重心有些问题——他需要一套新的管理原则来应对股市的大动荡。

他制定了"上限原则"：如果股市出现了升势确立日，他不会投资超过 20％，如果他的投资组合中的股票出现 2％ 的获利，他就会加大一些投资。尽管市场会引诱他多买一点，但是他的管理原则会让他远离动荡的市场。

2012 年整体股市环境比较平稳，并且由于埃德遵循了"20％上限"的原则，他在 2012 年 9 月的业绩比标准普尔指数高了两倍。埃德不断"检讨过去，制定新原则"，努力成为更优秀的交易员。

埃德还说，不管投资做得多好，你都会遇上流年不利的时候，所以，改正错误是很重要的。他说 2011 年那样的困难情况让他学到的东西，比以往所有顺利的年份都多。"不要害怕犯错误，要制定原则来改正错误。"

他继续在股海中学习再学习。埃德还喜欢到附近的大商场里转，看大家都买些什么东西。他买进奇普托利墨西哥烧烤公司的股票赚了不少，因为他看到自己以前工作的律师行附近开了一家分店，排队去吃这家健康快餐食品要等 45 分钟。

埃德说，如果9年前没有看《笑傲股市》，他现在可能还在律师行业，而且干得越久，还会越不喜欢这一行。

但是，他如今已经有了自己的对冲基金，大家也都相信他，把钱交给他管理。不过，每天早上起床去工作的时候，他都非常兴奋，充满热情，因为他在做自己喜欢的事情——分析股市、做交易。"我的生活现在比以前更有意义了，我有更多的时间可以跟3岁的儿子在一起。欧奈尔先生，感谢你，是你让这一切成为可能。"

下面是埃德的辉煌战绩：

谷歌（2005—2006年股价日K线图如图8—6所示），2005年获利25％

Vmware，2007年获利80％

陆船，2007年获利91％

迈克尔·科尔斯，2012年获利80％

领英，2012年获利100％

价格线，2012年获利50％

苹果，2012年获利28％

・要点・

- 如果股票以大成交量跌破50天均价，就得抛售。
- 问问自己，你想投资的公司为什么今后可能会成功。它有业界革命性的杰出产品或服务吗？
- 如果股票是领军股，同时基本面资料佳，那么可以买进跳空的股票。跳空的股票必须有大成交量。
- 在股市里不断学习。

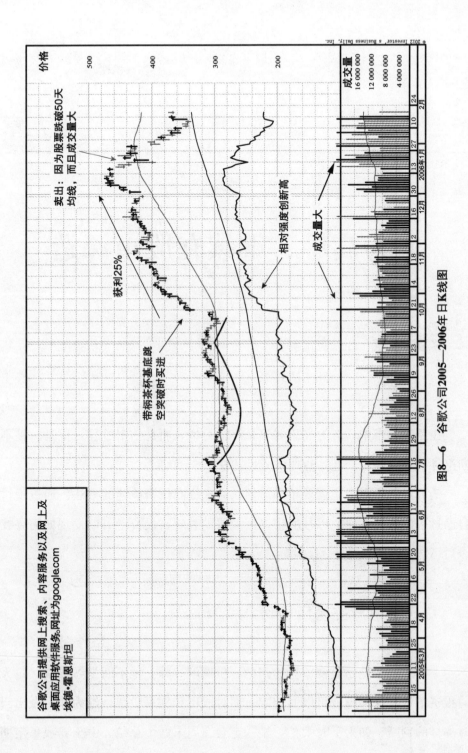

图8—6　谷歌公司2005—2006年日K线图

第九章

成为高手：继续在股市深造

温故而知新，可以为师矣。

——孔子

在跆拳道当中，成为高手并不是终极目标，而是一个过程，更是一种不断追寻长进、提高技艺、克服弱点的方法。

最成功的投资者也需要不断学习，寻求提高投资技艺的方法。通过检讨自己过去的交易，研究以往股市赢家股票的表现，投资者可以发现如何寻找今后可能胜出的股票。

➤ 每日笔记与交易后检讨

卡特里娜·昆西是佛罗里达州的一位调解律师。她不断学习投资，每天写投资笔记，这样她就可以回想起，面对股市和领军股票，她为什么做出当时那样的判断。如果平时太忙，她一定会在周末做个总结。由于养成了定期记录思维的好习惯，她可以随时回看自己当时的投资组合，以及当时的股市情况。

卡特里娜还会对自己的交易做事后分析检讨。她买卖股票的时候，会打印出当时的日 K 线图和周 K 线图。这样她就收集了一些图表，还包括她买卖股票的原因、当时的基本面资料，如时间点、收益、销量等，以及股本回报率等情况。

事后分析检讨的原则

事后分析检讨的最重要的原则是：完善操作程序，改正自己的缺点。

事后分析检讨会让你更加了解交易成败的性质原因与特点。

1. 买卖股票时，打印出当时的日 K 线图和周 K 线图。

2. 每年一次，整理所有的股票图表。

3. 分析自己近期最大的收益和损失。

4. 在检讨个人交易时，要问自己以下问题：

● 我有没有违规操作？

● 我有没有在适当的时间进场？

● 我的投资组合里有多大的比例属于领军的板块和股票？

● 我买进的时机是否正确？

● 我抛售股票是否一时冲动？

● 我是不是出手太早，错失了更大的机会？

● 我是否过分依靠保证金交易？对于额外的风险，我有没有正确处理？

● 我有没有错过明显的卖出信号，或者没有在正确的时间抛售？

● 我是不是在做每一个决定的时候，都考虑了自己的股票和投资组合的风险？

● 我的股票卖出之后的情形如何？

不要制定太多原则，这样会让交易变得太复杂。你应该主要针对最严重的一两个缺点。要记住，你检讨的目的是完善一些原则。用分析来完善自己的原则。把这些原则写下来，并付诸行动。

➤ 模拟回顾测试

李·坦纳把自己某段时期的交易情况与他可能获得的结果进行了模拟比较。

2004 年的时候，他参加了 IBD 第四级培训，在课程里学到了这项技术。他说："模拟回顾测试的好处是没有情绪干扰；而你能够学到今后在类似的股市情况下该怎么做。"

他的分析方法如下：

1. 用"MarketSmith"工具，调出从前的资料，找到某个股市上升前的那个时间段进行研究，制定一个"理论上"的关注清单，尽量做到客观实际。他需要用到的资料包括：

● 他当时真正使用的关注清单，以及当时收集保存的 IBD 的记录和文章。

● 同期的 eIBD，特别是《IBD50 排行榜》，《交易金额 20 强》，还有 85/85 指数等。

● 同期的《领军榜》上的股票。

2. 每日、每周关注自己设立的"理论上"的关注清单，看图表，寻找赢家股票。他觉得这样的模拟对比非常有用，因为他可以看到当时图表的情况，而不是目前图表的情况。

他根据模拟测试的数据，按照平时的股票交易方法来买卖股票，并且做好以下记录：

● 每周根据模拟关注清单买入股票，更新模拟投资组合。

● 当时股市趋势以及模拟期间出现的抛售日。

● 记录每只股票买进的原因。

● 每次决定买卖的股票以及损益情况。

3. 最后，把模拟投资组合的结果与当时实际操作的结果进行比较，看哪些地方还可以改进。

➤ 研究历史图表

汤姆·埃利斯把《笑傲股市》从头到尾读了五六遍。他把那书里所有的图表都一一扫描下来，制成一个电子表格文档，包括书里最前面的100张经典股票图表，还有所有带柄茶杯的基底图形。

他还把所有能找得到的图表也都一一扫描，以便日后学习和研究。

汤姆知道看图表的重要性，因为他看过比尔·欧奈尔写的一篇叫做《如何辨别绩优股票》的文章。比尔说："你得学会分析日K线图、周K线图、月K线图和成交量图，因为你从中可以看出某只股票的表现是否正常，是否有机构投资者参与。"图表显示了股票的供求关系，并能显示最佳买入时间以及持仓过久出现危险的时间等。善于分析图表，解读出股票从基底突破的时机，能让投资者获得巨大的优势，分析出具有最佳基本面资料的股票——收益好，产品销量大——找到下一个赢家股票。

不管是1898年的田纳西煤矿股票（1894—1899年股价周K线图如图9—1所示），还是2004年的苹果公司股票（2001—2006年股价周K线图如图9—2所示），赢家股票的图表都是一样的，周而复始。

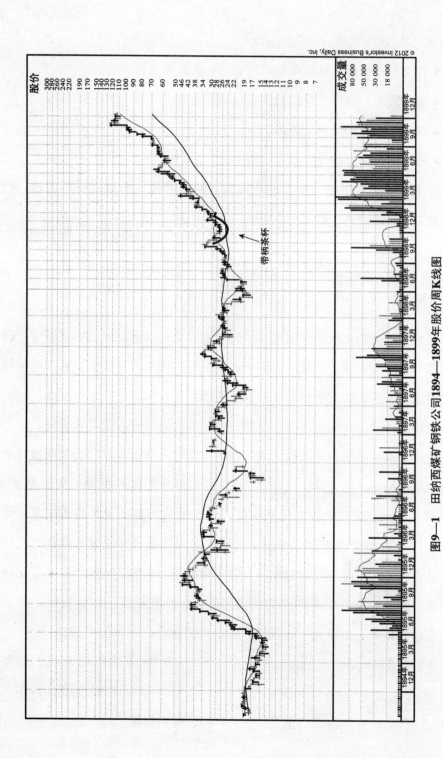

图9—1 田纳西煤矿钢铁公司1894—1899年股价周K线图

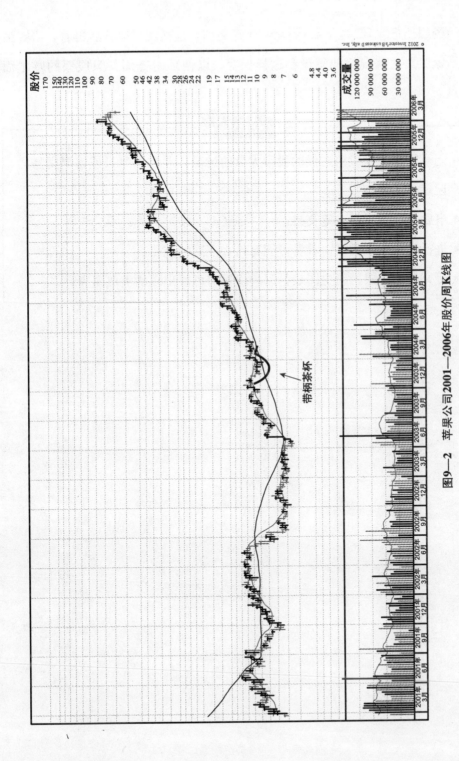

图9—2　苹果公司2001—2006年股价周K线图

汤姆还把 eIBD 电子版保存为 PDF 文档，这样就可以日后再看，研究那些赢家股票的状况。他每天都这样保存，以便随时查阅某只股票的基本面信息。

· 要点 ·

- 记录每次买卖股票时候的股市大盘的情况，并保留每日或每周交易的记录。
- 事后分析检讨每一笔交易。
- 进行模拟回顾测试，看看可能有什么不同的交易。
- 研究赢家股票的历史图表，以辨识目前可能出现的类似图表。

第十章

黑带交易：像专家那样投资

实验室里出不了冠军。有雄心、有梦想、有远见的人才能成为冠军。
冠军都要有技巧，有意志。不过，他们的意志要远远超过他们的技巧。

——拳王阿里

有人说，黑带高手就是永不放弃的白带选手。只有通过不懈的努力并凭
借顽强的意志才能在跆拳道比赛中获得最好成绩。投资也一样。努力工作、
遵守原则、每日有固定的工作安排，控制好自己的情绪，这都是最佳交易员
的品质。投资的道路并不会一帆风顺，路上也会有一些崎岖，但只要你有决
心继续努力，一定可以成功。

➤ 凯文·马德尔

凯文是 1985 年开始学习投资的，他的方法非常简单：买道琼斯指数成
分股中的蓝筹股，每年收益 20％。

1987 年 7 月，凯文发现股市开始出现抛售的情况。因为他做的是反风险投资，所以他把自己的大部分股票都抛出去了，但是他一点儿都不知道会有什么结果等着他。10 月 19 日，凯文打开电视，"黑色星期一"出现了，股市大崩盘。那天上午，道琼斯指数猛跌 500 点，跌了 20% 多。与此同时，全世界的股市几乎都崩盘了。他立刻把剩下的一些零星股票全部抛出，那是皇家荷兰石油天然气公司的股票。

虽然凯文比其他许多投资者都幸运，不过他还是心有余悸。对无数投资者来说，那天是个严重的灾难。股市的崩盘重创了华尔街的许多公司，很多公司完全破产。

崩盘之后，卡文意识到他还没有学会抓住进出股市的时机。他的策略在 20 世纪 80 年代还能有效，因为当时是牛市，但如今不同了。1990 年的时候，他无意间看到了 IBD，上面有《笑傲股市》的广告。凯文买了这本书，开始仔细阅读每一章。他开始了解股市是如何运作的。

对凯文来说，那是他投资生涯的分水岭。书看到一半的时候，他觉得犹如醍醐灌顶一般——有人帮他梳理了思路。他把书放下，开始在客厅里踱来踱去，回想着他刚才读的内容，想着哪些内容将对他今后的交易产生什么样的影响。

学习曲线

之后，凯文听了几个 IBD 的高级投资讲座，发现 CAN SLIM 投资系统非常适合他的个性，特别是其中表示新事物的 N。新事物，不管是新车、新流行款式、新音乐风格、新公司还是很多其他的东西，一直对他很有吸引力。在激进的投资板块里进行操作，可以让他观察到激进公司的第一手资料。这些公司可以掀起股市的轩然大波，有大排长队等待他们服务的客户。

凯文开始付费使用 IBD 上面的"每日图表"工具，并且每周六上午都开车到印刷厂去，因为他想早早地拿到图表。他说："所有股市发烧友都会在周六一大早到印刷厂去拿那些图表。我觉得自己已经成了秘密俱乐部的成员。"

他学习到一些技术指数，如图表上的"相对强度线"。他知道这条线的重要性就在于它的倾斜度。如果这条线上扬并创新高，就说明股票表现强于标准普尔 500 指数的平均水平。相反，则是弱于标准普尔 500 指数的平均水平。他开始通过相对强度线来寻找表现远强于股市平均水平的超级增长股票。

1991 年初，凯文发现新牛市开始了。他开始把 CAN SLIM 投资系统的运用发挥到了极致。

微软公司的股票腾飞了，因为大家都用它们的软件。家得宝公司股票涨势喜人，因为它新开了一系列的家居用品商店，产品模式新颖，价格低廉，（家得宝公司 1988—1992 年股价周 K 线图如图 10—1 所示）。

思科公司收益颇佳，因为它开发出了可以连接个人电脑的技术。以上几家公司创出了股市的一片新天地。

1993 年春，凯文即将栽大跟头，得到大教训。微软公司的股票出现了突破，他立刻买进，但是这次的突破没有成功，股价跌了 10％。

但是，凯文并没有抛售。微软股价继续下跌，直到比买入低 15％，凯文还是死守着。他告诉自己，微软公司多厉害啊，它会挺过来的。最终，当股价比他的买入价低 20％的时候，他抛售了。凯文意识到，他没有遵守 CAN SLIM 投资系统上讲的抛售原则。从那以后，凯文都严格遵守技术分析的原则，再也没有出现股价比买入价低 7％或 8％之后还不抛售的情况，除非是一些罕见的因有突发新闻而股价暴跌的情况。

他认识到，一直死守着输家股票有两个问题。第一，如果不及时止损，可能会给你带来严重亏损。第二，死守着一只滞涨的股票会把你的资金给套牢，早抛售可以解套。这一点在牛市初期特别重要。

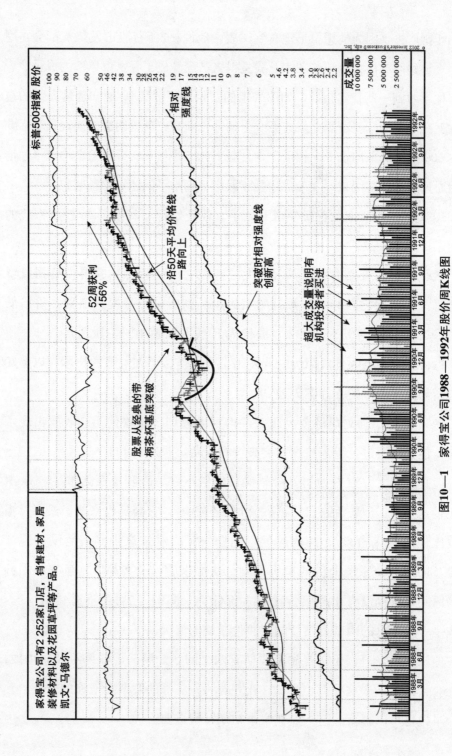

图10—1 家得宝公司1988—1992年股价周K线图

好好利用高科技

1995 年的时候，凯文明显地看出，互联网会对投资者了解股价还有其他信息的方式产生很大的影响，但是当时互联网还是新兴事物，还是新生儿。那个时候，凯文开始在网上写一些关于债券市场的评论，但他的心思主要放在股票市场上。他想把如何通过股票赚钱的知识跟大家分享。

1996 年初，他跟人合伙创办了"DBC 在线"。这是最早期的网上查询股票价格和股市咨询的网页之一。最早的时候，凯文把股市交易期间的更新资料当做主页。CBS 电视台 1997 年买下了 DBC 在线，改名为"CBS 股市观察"。1999 年 1 月，这家公司上市了。首发股价格为 18 美元，开盘就报 80 美元，第一天还最高冲上 150 美元的大关。那是首发股当天表现第二好的股票记录。

他们的网站开始备受欢迎，现在也是提供在线新闻和市场数据的主要网站，全世界数百万人每天观看这个网站。

凯文主持市场评论节目，他采访最好的交易员，并且专门采访了使用欧奈尔方法的其他交易员。他最喜欢的受访人士为比尔·欧奈尔、戴维·莱恩、格雷·昆还有席德·莫瑟斯。

从他们身上，凯文学到了"欧奈尔投资方法"，并用明了的语言向读者介绍，让大家感觉豁然开朗。凯文的实时评论可以通过今日美国、美国在线、雅虎网还有其他网站观看。对凯文来说，他觉得这是非常令人激动得事情。他对股市运作的理解完全来自《笑傲股市》的内容。

他从受访的最佳交易人士那里了解到："不要一味听从自己的观点，要看股市在讲什么。这才是成功之道。管好自己的个人虚荣心是交易最重要的一点。这对在其他领域成功的人士来说比较困难，如医生、律师、商人还有运动员——他们都认为，自己在本专业获得了成功，因此在股市也会成功。"
比尔·欧奈尔经常说："股市不知道你是谁，也不知道你有多聪明，更不知
道你上过什么名牌大学。股市一点儿都不在乎这些。"凯文补充道，"事业有
成的律师走进股市，希望能轻松地大赚一笔，通常这类人会被扫地出门。"

随时准备好迎接下一个机会

凯文为《市场观察》多次采访过比尔，获益良多，尤其是判断市场趋势
方面。

"我从比尔那里学到，不管经济和股市多么糟糕，你都得坚持每天做好
功课，分析领军股票和普通股票。"凯文说，"这是因为新牛市是在谷底最糟
糕的时候形成的，而那时往往是投资者情绪最低落的时候。牛市初期出现突
破的往往是成长股，而这些成长股最后会成为真正的领军股票，一路向上。
所以，你必须在上行股市开始时早早进场，这非常重要。有些新的领军股票
突破的时候，往往会强势上涨很长一段时间才开始盘整，所以，早进场显得
特别重要。"

"这就是说，如果你在最初的突破之后才进场的话，那时的股价已经从
基底处往上涨了不少。在已经有所攀升的点位进场风险比较大，因为此时下
方没有技术支撑来缓冲任何可能出现的正常回落。"

"我是从 1990 年 7 月到 10 月的牛市里学到这一点的。我没有做每日分
析，几个月都没有看一只股票的图表。到了 1991 年 1 月中旬，一切都很明
朗的时候，我才意识到新牛市在 3 个月前就已经开始了。不是有人说吗，你
刚打了个盹儿，就输了。"

了解股市如何触顶，与在牛市开始时就进场同样重要。"我经历的第一
个 3 位数增长发生在 2000 年的 2 月份。"凯文说，"我当时手里守着 15～17

144

只股票，几乎都是炙手可热的科技股。那时实际上是 70 年来最强大牛市的最后爆发阶段。当然，当时没有人知道这一点。2000 年 3 月初，我注意到机构投资者开始抛售我手头持有的股票了。图表上的领军股票出现了"抛售日"。我立刻采取行动，到 3 月 14 日的时候，已经全部清仓，那是 3 月 10 日达到最高点之后的几天。第二天，即 3 月 15 日，我在一个主要网站的专栏里提了这个事情。"

根据四大会计师公司之一——安永会计师公司的审计报告，凯文的长期获利平均记录比标普 500 指数的整体涨幅高出 10 倍（扣除管理费和佣金之后的净值）。

凯文说他"对比尔·欧奈尔心存感激。早期从比尔那里学到的许多有关市场的知识，对我的职业生涯影响非常大。我相信，对于这个时代的许多人来说，在选择股票方面，比尔比任何人产生的影响都大"。凯文对比尔的感激与尊敬，在他讲完这些话之后的长久沉默中，显得更加强烈。

· 要点 ·

- 查看相对强度线。看相对强度线是否上行并创新高，是否超过了标普 500 指数的平均数。真正的市场领军股票的涨势都远高于主要指数。
- 抛售股票的唯一依据是技术分析。
- 股价比买入价低 7%～8% 时，必须抛售。
- 把表现差的股票剔除出自己的投资组合，用套现的资金买赢家股票。
- 阅读高级交易人士的访谈。
- 不要理会个人观点，要倾听股市在讲什么。
- 不管经济和股市形势多么糟糕，你都得坚持每天做好固定功课，分析主要指数和领军股票。

➤ 科尔·麦克唐纳

科尔大学毕业后的第一份工作就是在一家大型股票经纪公司供职。他只接受了经纪人方面的培训，没有学太多关于股票的知识："他们教的都是怎么当推销员，听从内部分析员的推介。"

1990年，科尔认识了其他公司的一名经纪人，那人非常懂得挑选股票。当科尔问他如何给自己选择股票投资组合的时候，他给了科尔一份《投资者商业日报》，还有一本《笑傲股市》，让科尔好好看看。

科尔开始看那本书，开始了解真正的投资应该是怎样运作的。在看《笑傲股市》之前，他在投资方面有几个错误的做法。他在股市跌的时候买进，而不是止损；还有，他也完全不知道怎么才能从股市中找出领军股票。科尔看完《笑傲股市》。非常兴奋，又看了一遍，因为他"找到了一个有效的框架，可以让他随时把握股市脉搏，找到领军股票"。

1992年，科尔第一次参加了IBD的培训，他觉得这次培训让他能力大增。于是他把学到的理论运用于实践，这使他在工作上和人生方面都获得了成功。科尔从原来的那家大股票经纪公司转到一家较小的公司，当上了小组经理，管理许多种类的投资。他对这家小公司非常着迷，因为它把注意力集中在新经济方面，也就是说，它比较关注那些注重新技术和客户的创新公司。这些新公司都富有CAN SLIM投资系统要求的特色。

成为大赢家

1995年，科尔买进了百年科技公司的股票，那是马萨诸塞州的一家制造个人电脑存贮卡的公司，（百年科技公司1994—1997年股价周K线图如图10—2所示）。

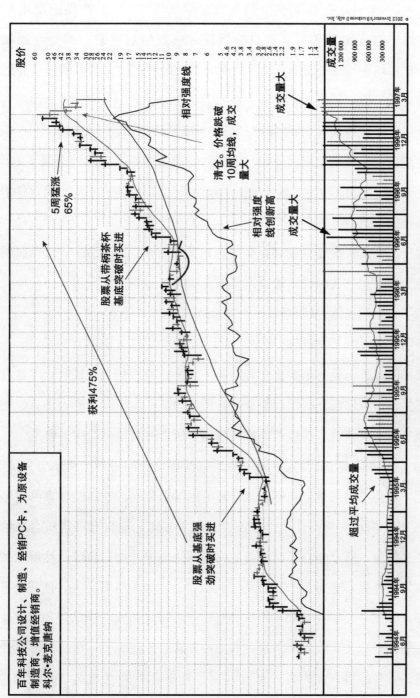

图10—2　百年科技公司1994—1997年股价周K线图

　　这只股票 3 月份那一季度的营收额猛增了 262%,产品销量增加了 62%。由于财报数据很好,这只股票从基底盘整后突破,成交量增加了 17%,比市场平均成交量高 838%。科尔意识到大机构投资者的钱已经进场要买进百年科技,他也大量买进,增加了自己的仓位。

　　最终百年科技成为 1996 年纽约证交所最活跃的股票。科尔在 1996 年底股票冲到顶点的时候卖出,那时百年科技的股票已经在 5 周内上涨了 65%,比 200 天均线高出 170%,非常惊人。经过长达 21 周的这一轮交易,科尔从百年科技的股票身上获利 475%。

　　他自己大量买进这只股票,也帮客户买了很多。科尔说:"这只股票的获利给我的生意和我的投资组合净值带来很大的影响,也证明了一件事:如果遵循了 CAN SLIM 投资系统,一定会成功。"

　　经历了 2000—2003 年的熊市之后,科尔意识到交易不会像 20 世纪 90 年代那样简单了。他决定要去上 IBD 第三级和第四级的培训课程,丰富自己的股市知识。科尔反复听课程的录音,还认识了不少高端交易人士。他觉得跟其他投资者交流股市的经验非常有帮助,所以一直跟他们保持联系。

　　2005 年的时候,IBD 要在波士顿地区找一位全国讲师。科尔想去试讲,争取那个职位,因为他觉得那将是非常好的学习机会。IBD 的教育部门提供了一个 PPT 演示文稿,让他准备试讲。科尔知道,他只有一次机会来给评委留下好印象,所以他花了两个月的时间写演讲稿,进行演练,然后才飞到加利福尼亚州去,面对 IBD 的评委进行试讲。功夫不负有心人,他获得了一致的好评,于是开始在 IBD 的全国培训课上授课。每次备课的过程"就像是春季大集训,我往往需要不断地回顾总原则和基本概念。一些好的习惯开始渐渐烙印在我心里,成为第二本能"。科尔已经讲了 30 多次的 IBD 课程,他非常喜欢这样帮助其他投资者学习,帮他们从这个系统中获利。

留意鞋子的流行趋势

2006 年 10 月，科尔注意到卡骆驰鞋业公司，它连续 13 个季度销售量增长为 3 位数。（卡骆驰公司 2006—2008 年股价周 K 线图如图 10—3 所示。）最近的两个季度每股收益增长分别为 330％和 120％，同期的销售增长率高达 232％和 309％。收益如此之高、销售量如此之大的股票肯定会引起职业投资者的关注。科尔的部分研究重点就是寻找强劲的机构投资者对他新买进的股票的支持。

一位相当成功的对冲基金经理杰夫·维尼克当时拥有 180 万股卡骆驰的股票，而前一季度他只有 468 股。科尔知道，高级对冲基金经理对他买进的股票也表现出了兴趣，这证明了卡骆驰公司股票可能会有大动作。他在该公司首次公开募股的时候就买进了，随着股价的不断上涨，他也不断买进补仓。

卡骆驰公司 10 月 31 日公布收益数据的时候，科尔获利 378％。该股票在盘后交易中却遭到大量的抛售，因为下季度的数据不被看好，远远低于预估的水平。

科尔眼睁睁看着股票下跌。他打电话给他的经纪人，要求在盘后交易中全部清仓。他最终获利 362％。

科尔认识学习了过去股市中的重要赢家股票，再加上他有投资卡骆驰公司股票成功的经验，他觉得鞋业的流行趋势，如新款式或新风格，能够引领股票的强劲表现。科尔还研究过雷宝公司、L. A. Gear 公司，以及制造 UGG 鞋的 Decker's Outdoor 公司。

太阳能热潮

2007 年 2 月，科尔买进了制造光伏太阳能电池的第一太阳能公司的股票。（第一太阳能公司 2006—2009 年股价周 K 线图如图 10—4 所示。）由于

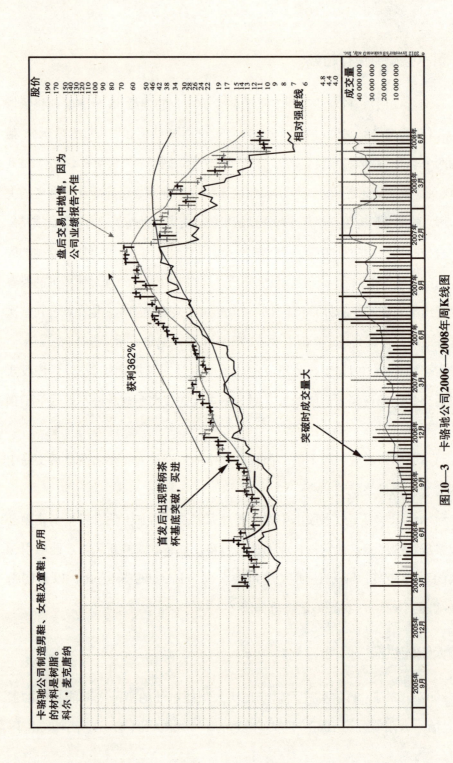

相对强度线

盘后交易中抛售，因为
公司业绩报告不佳

获利362%

首发后出现带柄茶
杯基底突破，买进

突破时成交量大

卡骆驰公司制造男鞋、女鞋及童鞋，所用
的材料是树脂。
科尔·麦克唐纳

股价

成交量

图10—3 卡骆驰公司2006—2008年周K线图

© 2012 Investor's Business Daily, Inc.

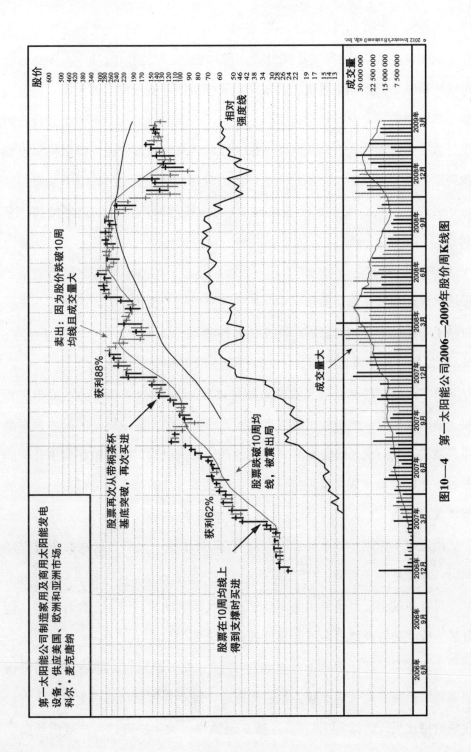

图10—4　第一太阳能公司2006—2009年股价周K线图

当时市场对可替代能源的需求不断增加，第一太阳能公司股票的表现非常强劲。当股价突破 10 周均线猛涨时候，科尔买进了股票。但是，不久之后公司股价暴跌，而且成交量大，科尔严重受挫。他准备抛售，因为那一周公司会公布收益数字，而且他定过原则，如果没有利润的缓冲，不要在公司公布收益数字的时候持仓。那只股票后来又以两位数的速度上涨，但是科尔没有找到适当的买入机会。科尔耐心地等待，直到这只股票又形成一个基底图形时才买进。当股票以大成交量跌破 10 周均线的时候，科尔立刻抛售，获利 83%。

2008 年的时候，科尔成立了一个对冲基金，他的成绩远远超出股市的平均水平，而且在那个熊市当中，几乎完全以现金操作。那年的纳斯达克指数跌了 40%，科尔把他的基金的损失控制在 5% 以下。由于遵守了 CAN SLIM 原则，科尔保住了现金，让自己免受股市盘整的灾难。

科尔运作对冲基金的投资原则跟他多年在 IBD 授课获得的经验非常相似。他的操作方法包括：了解股市走向，研究有新产品或服务的板块领军公司。他的基金只交易收益最好、产品销量最大的股票，还要做好技术分析的图表，并以股价与成交量为指标衡量领军股票。他的基金的目标是只交易股市表现最好的 1% 或 2%，而且会成为领军股票的股票。

他还定下原则：基金最多同时拥有 15 只股票，只有当这些股票都有利润时，才能进一步买进。

只有在基金已经全部用完而且显示有大量利润时，他才会进行买空。他对某一股票的持有量最多不会超过基金规模 30%。

他还制定了其他原则：收益超过 20%～25% 即抛售，即使真正的股市领军股票还会有更大的涨幅。他还严格遵守风险管理原则来避免损失，如果股票价格比买入价低 7% 或 8%，就立刻抛售。为保护资产，在股市动荡期间，基金的现金量应为100%。这些原则比尔·欧奈尔从20世纪60年代开始就在股市中使用，并经历过考验，效果良好。

2009年，科尔的表现不好，他发现从低谷买进的困难很大。当时股市一片混乱，大多数交易员都非常谨慎。他看到大多数图形的基底都遭到了破坏，"很难看出哪只股票已经准备好了"。

2010年，科尔就能够较轻松地找到跟随股市挺进的领军股票了。有一些股票给他带来了不错的收益，如价格线公司、苹果公司，还有奇普托利墨西哥烧烤公司。

固定功课是他取胜的关键

科尔专门找日均成交量至少为70万手的股票（或日均成交额为7 000万美元），并且，他比较喜欢那些他能够真正了解的消费类股票。

在股市开市的时候，科尔会关注大盘，还会同时关注好几个屏幕。他还对赢家股票的历史数据进行了仔细的分析。（标准普尔指数1999—2004年周K线图如图10—5所示。）

他知道，超级赢家股票的图形都在不断地重复："就像比尔·欧奈尔常常说的，你越了解过去的赢家股票，就越容易找到股市里即将突破的新赢家股票。"

在晚上，科尔看电子版的IBD。他说："整份报纸就是一个资源工具，多年来不断给我提供新资源，让我不断改进。"每一天，科尔都会通过IBD的"股票聚光灯"工具来生成一份电子表格文档，因为他觉得"股市的超级赢家股票一定会出现在这个文档里"。

科尔还经常看IBD《新美国》栏目的文章。"这份报纸有很多栏目可以帮投资者找出新出现的公司。我获利最多的股票都是通过IBD找出来的。"

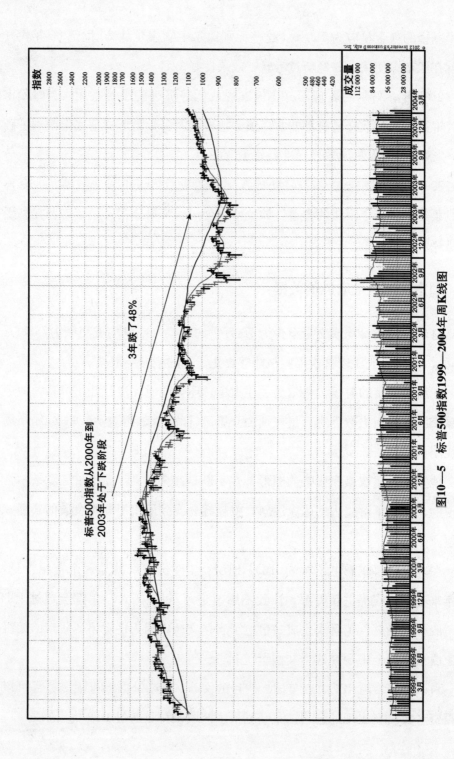

图10—5 标普500指数1999—2004年周K线图

科尔还把《领军榜》"作为新工具来寻找研究和我有相同理念的投资。作为一个投资者，你不需要了解某个概念是谁提出来的，只要会利用这个概念赚钱就可以了"。

科尔从《领军榜》中找到跟他理念一致、又有投资机会的股票："初学投资的人，甚至像我这样的职业投资人，都需要好好利用股票图表。我发现在股市下行期间，要卖空的时候，《抛售清单》栏目非常有帮助。"

科尔利用周末时间继续深造。他把《笑傲股市》前半部分那 100 只股票的图表扫描好并放大，每周研究一两只。想要找到下一个超级赢家股票的动机让他坚持这么做下去。

科尔相信应该回馈社会，也喜欢帮助别人了解股市。在过去的六年中，科尔指导了两位波士顿大学的实习学生，教他们关于股市以及股票的知识。他还积极参与当地 IBD 读者俱乐部的活动，每年都给成员上几次课。

他不断寻找下一个超级赢家股票。他说："超级股票要花时间慢慢形成。大多数的大动作会在 12～18 个月内完成。得有耐心静待股票走过中期的盘整阶段，然后才能抓住 20％～25％ 的大回报。所以我认为，耐心再加上遵守原则，就是成功投资者最重要的素质。"

· 要点 ·

- 大多数股市的超级赢家股票收益与产品销量都会有三位数的增长。
- 留意鞋子的流行趋势。
- 超级赢家股票的图形都在不断地重复。
- 晚上阅读电子版 IBD 作为寻找股市领军股票的资源工具。
- 要有耐心，并遵守原则。

➤ 吉米·罗倍尔

吉米是芝加哥地区一家对冲基金的合作创办人兼执行经理。如果你跟吉米谈话，很容易就能感受到他对股市的投入与热情。

他说："如果投资者愿意做好准备工作，股市有无穷的机会。遵守原则，耐心练习。"

他大学毕业后不久就开始专门从事金融工作。那时，他爸爸投资了生物技术和医药公司的股票。吉米认为他也可以尝试一下投资医药公司的股票。他买的第一只股票涨了，但是，由于公司收益数据不佳或者医药公司没有获得生产某种药的许可，因此股价跌了，而且跌得很厉害。因为吉米那时候还不懂得抛售原则，所以他那次的投资损失惨重。

那几年，吉米疲于应付股票经纪人的工作，但是他一直在寻找一种成功的投资方法。他甚至试过价值投资，但是各种招数都不成功。不过，他一心想要获得成功，于是不断阅读各种有关投资的书籍。

追求胜利

1990 年，吉米在书店里偶然看到《笑傲股市》一书，立刻被吸引，读后大受启发。他找来 IBD，开始天天看。吉米对这份报纸非常满意，甚至半夜跑到送报中心，等卡车把报纸运来。他是这样学习的：把每周图表剪下来，贴在复印纸硬纸盒的内侧。接着，他把纸盒竖起来，靠在墙上，开始反复研究图表（当时他研究过的著名公司包括 AMGEN，以及思科公司）。他还从报纸上剪下《新高清单》。根据这个清单，吉米可以了解股市的整体强弱。如果股价不断创下新高，那么股市就是非常强劲的。

那一年，吉米第一次参加了 IBD 的论坛，那次论坛是由比尔·欧奈尔和大卫·莱恩主持的。他开始真正了解基本面资料和买卖技术信号的重要性。他买了 IBD 出的所有教学录音带，每天在上下班的路上仔细听。

吉米知道，他以前的交易中犯的最大的错误就是没有定下抛售原则，第二大错误是没有挑选股票的正确依据。另外，他没有把表现不好的股票卖出去，把收回的资金投资在表现优异的股票上面。在制定并实施了几个简单的原则之后，他的投资回报几乎立刻发生了改变。

从 1990 年开始，吉米每年都参加 IBD 的学习班，有时候一年参加好几次。他希望彻底掌握好投资股票的策略，这样才能够发现在完美基底酝酿成熟、准备突破的领军股票。他知道，要从股市获得大利益，必须买进刚从基底盘整完毕开始突破的股票。吉米反复研读上课的笔记，对投资系统中的重点反复温习。他想赚大钱，成功的欲望战胜了所有的挑战。

因错失机会而获得经验

1993 年，吉米注意到"新桥网络"这只股票不到一年就上涨了 600%。IBD 也多次提到这只股票，但他还是错过了，所以他非常懊悔。不过，这给了吉米一次很好的教育，让他对 CAN SLIM 投资系统更加信赖，敢于投入更多的资金。

1995 年，亚讯通讯这只股票几乎每天都上报。该公司的收益数据与产品销量有三位数的增长，绝对是个领军股票。于是吉米买进股票，耐心守候着。在 10 月份的时候，亚讯通讯突然跌破 50 天均线，成交量也很大。他全盘抛售，但是那个交易日收盘的时候，亚讯通讯却以高于 50 天均线的价格收盘。他知道自己的抛售是个巨大的错误，但也没有再次进场买入。这次的暴跌把他搞得心神不宁。几个月内，亚讯通讯股价节节飙升，吉米又错过了几个重大的获利机会。

从那以后，吉米定下原则，如果他交易受挫，并且股价当天又恢复到
50 天均线水平，就在当天再次买入。这个关键点说明有大机构投资者开始
支持他们自己持有的股票，所以，如果股票能够在跌破这个关键点后又在当
天重新冲过这一点，那这只股票就是非常强劲的。

要知道何时应该获利了结

到 1999 年，吉米的股票交易额已经超过 100 万美元，但那都是疯狂的
90 年代——科技股泡沫破裂之前的事情。当时的状况似乎很好，而那十年
间的真正情况是：好得非常离谱。但股市的崩盘即将出现。

2000 年，吉米手里掌握着摩根士丹利公司 1.5 亿美元的资金。他发觉
股市有点不对劲：领军股票纷纷触顶，但不少股票却出现了非常大的涨幅。
从 1 月到 3 月初，Qualcomm 股票在 4 天内涨了 42%，Qlogic 股票在 11 天
内涨了 75%，雅虎股票在不到一个月的时间内暴涨了 90%。这一切都很不
正常。几个高得离谱的股票几乎是在同时出现的，这都是警示信号，投资老
手都知道，股市几乎到顶了。于是吉米停止融资交易，并把所有的股票全部
清仓。他记得圣帕特里克节的那天，他将股票完全套现，在亚利桑那州的一
家酒店里庆祝收益。接着，股市崩盘了。吉米避开了股市的毁灭性下跌，也
让他的客户和公司免受巨额损失。这都归功于他仔细研读《笑傲股市》，天
天看 IBD 了解股市整体动向，以及研究股市领军股票的表现。

这件事过后，很多人纷纷把巨资交给吉米管理，他们认为现在是进场的
好时机，但是吉米暂时让那些钱闲置着，因为他知道，这个时候股市正在下
行。"当大多数股民都能明显地看到上涨，并都想猛扑进股市的时候，你就
知道，股市已经开始下跌。"他的客户会打电话进来，求他买进思科的股票，
因为股价已经跌了 40%，他们以为这是块肥肉。但是吉米知道，买这种做

垂直落体运动的股票，就等于想要抓住落下的飞刀。思科股价最终暴跌85％。IBD的研究显示，过去的领军股票的盘整幅度平均为72％。所以，"买进—持有"的策略非常危险。

如何应对漫长的下行趋势

之后的2000—2003年是漫漫熊市，虽然其中也有几个可以交易的上行阶段，但总的来说非常艰难。想在这段时间赚钱，对职业的交易员来说，也是非常具有挑战性的。

吉米了解市场周期的机理，也知道股市最终会好起来，但是漫长的熊市还是把他拖得疲惫不堪。情况糟透了，手下的员工天天都盼望星期五早点到来。每周看着这样股市让人饱受折磨，抑郁不堪。

曾有一度，吉米开始担心，如果股市再不出现好转，他都要去附近的咖啡店卖甜甜圈了。还好，股市终于转向，开始往上攀升了。吉米知道，股市往往是在最黑暗的低谷开始复苏、慢慢攀升的。从那时候起，吉米开始坦然面对熊市，因为他知道，这样的盘整能把道路清理干净，让新的领军股票出现，带动强有力的牛市。新的赢家股票开始诞生，吉米也知道他可以从这些新股票的巨大能量中获取收益。

新上行趋势带来令人兴奋的领军股票

2003年12月，他买进了动态研究公司的股票，这家公司就是制造黑莓手机的公司。（动态研究公司2004—2008年股价周K线图如图10—6所示。）因为这是个新科技股，所以吉米对它颇感兴趣。有了这种手机，大家不用耗在办公室里也能查看电子邮件，可以完成工作。于是，这只股票的收益暴涨。之后几年，这只股票给吉米带来了非常大的收益。

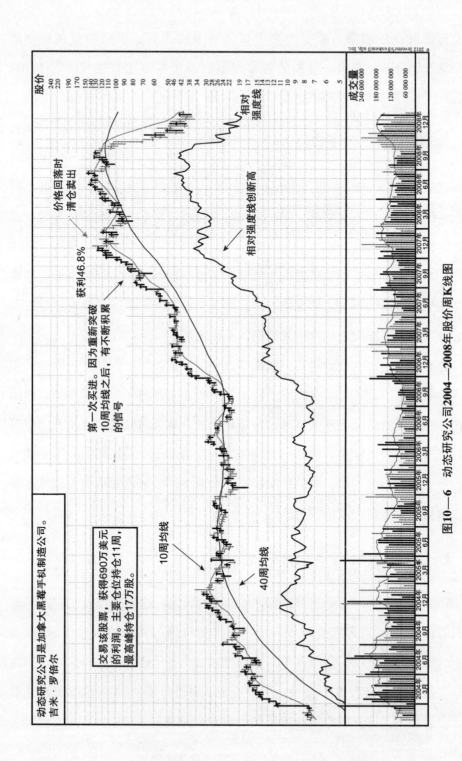

图10—6 动态研究公司2004—2008年股价周K线图

2005 年，吉米买进谷歌股票，因为这只股票完全符合吉米一直在寻找的"超级大股"的条件：全新且有创造性。谷歌的搜索引擎改变了大家使用互联网搜索信息的方式。

吉米注意到谷歌股票买单与卖单的比例为 2.9，非常大。如果这个比例高于 1.2，已经可以说明买入的需求量大。现在的比例是 2.9，说明谷歌股票的买入需求量已经爆棚。吉米以前研究超级赢家股票的时候就发现，那些股票的买单与卖单的比例是 1.9 或者更高。现在谷歌股票的这一比例是 2.9，是历史最高水平。（Investors. com 网上的《股票医生》工具可以查出买单与卖单的比例。）

中国版的谷歌

中国版的谷歌是百度，这家公司于 2005 年 2 月在美国上市，吉米开始密切关注它。（百度公司 2007—2012 年股价周 K 线图如图 10—7 所示。）他没有立刻买进，因为最初的基底图形看上去有点问题。不过他继续关注，因为这只股票非常独特。另外，他知道，股市超级赢家股票都是在首发之后的 8 年内出现股价飞涨的。

到了 2007 年的时候，就有了更多的季度收益与销售数据，所以吉米可以对百度公司做更好的研究分析。吉米研究后发现，百度的股票好得不得了，"近乎完美"。

2007 年 6 月份开始的那个季度，百度的收益增长率为 100%，销售增长率为 120%。这些收益与销售的数据非常好，所以吉米非常看好这只股票，立刻大量买进。之后的几个季度收益增长率分别为 75%、61%、100% 和 114%。销量增长率分别为 118%、125%、122% 和 103%。

中国的人口现在有 14 亿多，当时使用互联网的人还只是少数，所以吉米认为这只股票潜力非常大。而且百度得到中国政府的保护，几乎没有竞争

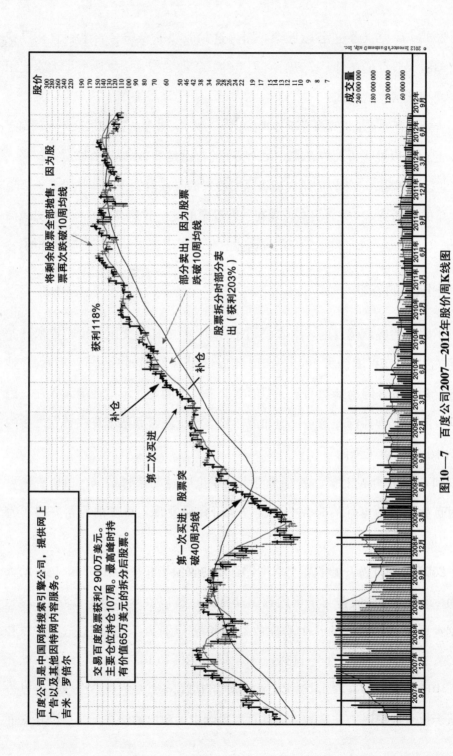

© 2012 Investor's Business Daily, Inc.

股价
300
280
260
240
220

190

170
150
140
130
120
110

100

90

80

70

60

50
46
42

38

34

30
28
26
24

22

19

17

15
14
13
12

11

10

9

8

7

百度公司是中国网络搜索引擎公司，提供网上广告以及其他因特网内容服务。
吉米·罗倍尔

交易百度股票获利2 900万美元。主要仓位持仓107周。最高峰时持有价值65万美元的拆分后股票。

将剩余股票全部抛售，因为股票再次跌破10周均线

获利118%

部分卖出，因为股票跌破10周均线

补仓

股票拆分时部分卖出（获利203%）

补仓

第二次买进

第一次买进：股票突破40周均线

成交量
240 000 000

180 000 000

120 000 000

60 000 000

2007年9月
2007年12月
2008年3月
2008年6月
2008年9月
2008年12月
2009年3月
2009年6月
2009年9月
2009年12月
2010年3月
2010年6月
2010年9月
2010年12月
2011年3月
2011年6月
2011年9月
2011年12月
2012年3月
2012年6月
2012年9月

图10—7　百度公司2007—2012年股价周K线图

对手。有几个共同基金、银行以及诸如富达公司这样的机构投资者都大量买进百度的股票，这又让吉米的信心大增。

吉米觉得，谷歌在网络搜索引擎方面获得了成功，百度也会成功的。中国当时出现了一批新的网络用户，开始有了一个蓬勃发展的网络环境。中国官方的限制也开始渐渐消除，所以百度能够成为一个真正的领军股票。

领军股票在股市下行期间也会遇到困境

2007 年底的时候，股市一直跌，百度也和几个领军股票一样，受到严重影响。吉米立刻全盘抛售百度的股票，因为他知道，即使是最好的股票，在股市下跌的时候也会进行盘整。

股市在 2007 年底到 2009 年 3 月期间，下跌得非常厉害。由于金融与房地产市场的崩溃，纳斯达克指数下跌超过 50%。但是吉米经历过 2000—2003 年的熊市，所以他知道，最终经济还是会恢复、创新公司还是会出现的。

百度的新上行趋势信号

2009 年 2 月份，吉米注意到百度股价开始攀升了。股市连续 13 周挺进，说明大机构投资者的钱已经买进了很多股票。他还注意到相对强度线也冲上了新高，这也是超级赢家股票经常会出现的状况，说明百度股票比标准普尔500 平均指数更加强劲有力。到 2009 年 3 月 12 日的时候，股市整体进入上升阶段。股市开始走上正轨的时候，吉米又买进了百度的股票。

2009 年 10 月 26 日，百度宣布要改用新的"凤巢"广告平台。股价立刻暴跌，因为大家都认为，百度改用新的广告平台会影响公司收益。第二天，股价跌了 18%，跌到 50 天均线以下。吉米当时拥有大量百度的股票，账面显示已经损失了几百万美元。他也抛出了许多，以使让自己"可以睡得着觉"，并且继续观望百度股票今后几周的动向。

百度股票在 10 周内徘徊不止，但是忽然间突破了 50 周均线，成交量大，涨幅也很大。百度宣布，新广告平台"凤巢"会跟客户处理好他们之间的问题。这是利好消息，机构投资者的钱又开始投进百度股票，吉米也开始进场。

观察是否有大量股票被拆细分割

2010 年 6 月，百度股票拆一成十，吉米也将部分股票卖出。他知道，大量拆分股票会使股票的数量增多，有时候会造成公司股票萎靡不振。6 月份的时候，股票跌破 50 天均线之后，吉米又抛售了部分股票；当股票再次跌破 50 天均线之后，吉米最终在 2011 年 6 月将其全部抛售。这是吉米定下的原则，如果股票跌破 50 天均线，而且经过了较长的时间，那么一定得抛出。

吉米买卖百度股票的最终结果是获利将近 3 000 万美元。吉米的故事就说明，如果找到了一只超级赢家股票，必须懂得如何处理和应对。很多人或许能找到赢家股票，但是可能因为出手太早，或者在股票下跌之后没有再次买进，最终没有获得大利。如果你想抓住股市最大的领军股票，必须注意这些方面。这些股票如果处理得当，会成为能够改变人生的股票。

持有领军股票，继续观望

吉米总的投资原则是把一只股票持仓一年，不过这不是一成不变的死规矩。他知道，超级赢家股票在上涨的过程中，可能遭遇 4 次跌破 50 天均线的情况。他有心理准备，对真正的赢家股票，他可以承受的下跌幅度是 20%～26%。他说："在股票下跌的时候，你得沉得住气，把持住你的原则。"他知道，他管理的基金也会下跌 20％或更多，但是，职业的投资者在这个时候应该有信心，可以应对这样的下跌并保持信心，这样才能抓住真正暴涨的机会。吉米在买入股票之前会做很多分析，这能让他信心坚定，挺过股票暂时下跌的时段。

寻找最大的赢家股票

吉米正在寻找一家罕见的、会有巨大动作的股票。当他买进股票的时候，他的交易金额是 1 500 万美元或者更多，所以，能够迅速离场是非常重要的。最理想的情况是，股票每天的交易总金额（股票成交量乘以股票交易价格）为 2 亿美元或更高。这些股票比较可能获得机构投资者的支持，如共同基金、银行或者退休基金。吉米说："找到股市最好的赢家股票，秘诀在于找到流通速度快且收益大增的股票。"

在 2009 年 3 月到 2011 年 7 月期间，百度的股价上涨了 1 000％。这样的情况只会出现在真正的领军股票以及板块内主导的股票上。最大的赢家股票有一个特点——它们有别人没有的产品或服务。苹果公司有 iPod 播放机、iPhone 手机和 iPad 平板电脑。汉森公司推出了巨兽能量饮料。易趣是一家拥有数十亿美元资产的网上拍卖公司，提供各种产品和服务。这些善于创新的公司一旦出现在股市中，肯定能振奋人心。

寻找股市最佳时机出现的最独特的产品

吉米在 2010 年的时候，又找到了一只能在股市起主导作用的股票——内弗里斯公司的股票。（内弗里斯公司 2007—2012 年股价周 K 线图如图 10—8 所示。）这家公司把百视达租片公司挤垮了。当时，美国还处于经济萧条期间，但是大家还会从内弗里斯公司租影片回到家里看，而且不用担心

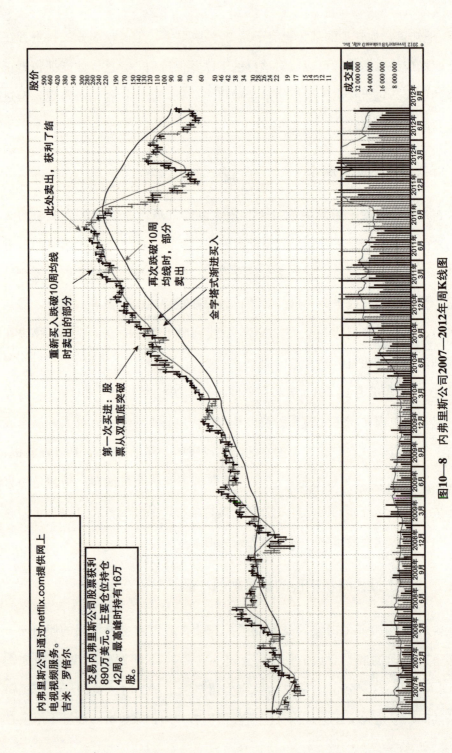

图10—8 内弗里斯公司2007—2012年周K线图

过期还片的问题。吉米了解到这家公司有良好的基本面信息以及创新的商业模式，所以他在 2010 年 8 月大量买进了内弗里斯公司的股票，最终在 2011 年 4 月全部卖出，净获利 890 万美元。

5 月 3 日这一天，由于"网上订桌"服务公司要报告业绩状况，吉米的基金大量买空。公司公布了业绩状况之后，股票暴跌，成交量很大。其他领军股票也开始大量下跌，股市好像要出什么问题了。吉米立刻抛售出半数的股票，并在几天内全盘套现，保住了他的获利。

2011 年剩下的时间里，整个股市非常动荡，很难交易。后来受到欧洲股市的影响，2011 年底股市再度回暖的时候，吉米没有来得及进场。

摸透股市大方向

吉米知道，辨明股市的大方向是投资中最艰难但又最关键的一点。"必须抓住股市的动向，如果领军股票开始突破，不断往上冲，就不要犹豫，因为这个时候，也只有在这个时候，你才能确定自己进入股市能赚一笔大钱。"

虽然吉米犯过一些投资的错误，但是他还是信心十足，他在每个周期中都可以抓住几只新的领军股票："每个牛市周期都有许多赢家股票，CAN SLIM 投资系统用得越多，你就越有信心，你知道能够找到大赢家股票，并从中获利。"

吉米在说起成功投资生涯的时候比较低调，比较谦逊。他常常提醒投资者，他买的股票至少一半都有损失，但是他能把损失控制到最低。他还说："如果你能抓住机会，控制得当，只要抓住几个大赢家股票，就能够大大改善你的财务状况。"

· 要点 ·

- 每天关注 IBD 中提到的股票。

- 如果有股票跌破 50 天均线，且你因抛售而蒙受损失，请考虑在股价反弹到 50 天均线的时候再次买进。

- 寻找符合"超级股票"条件的好股票、大受欢迎的全新创新公司。

- 大多数股市的最大赢家股票都是在首发后 8 年内出现最大涨幅的。

- 如果几周内有股价不断上涨，这表明有几个机构投资者在买进，必须关注。

- 关注拆分量很大的股票。如果有数次拆分或拆分量大，有时候会使公司股票萎靡不振，因为这会创造出太多股份，让股价很难上升。

- 如果你抓住了一只大的赢家股票，学习如何好好把握。

- 很多股市的最大赢家股票的流通性都很好，且有很高的收益增长。

- 投资中最重要的要素就是股市的趋势。密切把握好股市动向，这样才能从上行股市中获利。

➤ 伊芙·波波奇

1995 年的时候，伊芙想了解关于股票投资的事情，于是就去逛书店，她看到了一本有关投资的书，就是《笑傲股市》。她一直觉得股市很复杂，变化太快，她也觉得股市很有意思，所以她买下《笑傲股市》开始看。她立刻就被股票投资深深吸引住了。

那年晚些时候，伊芙第一次参加了一个 IBD 的培训班，她见到了比尔·欧奈尔本人，非常兴奋。课后，她拿着《笑傲股市》请欧奈尔签名。欧奈尔签了，还说："买收益最好、正从基底突破的最佳公司。"这句话伊芙始终牢记，她时常提醒自己寻找最佳股票的特征。

多年来，伊芙参加了数十次 IBD 的培训。她说，这些培训让她"巩固了比尔写的书里面的知识"。她从培训中学到该怎样在技术图表找自己想要的东西，在其中找领军股票重要的基本面数据。

1996 年初，批发食品市场公司的股票以大成交量实现了突破，伊芙立刻买进，当时的图形是带柄的茶杯基底，公司收益状况很好。那个时候，该公司有 35 家店面，扩张的机会非常大。一些重要的基本面数据包括：上季度收益上升 41％；上季度销售上升 24％；离散指标排名为 A 级（这个排名评估的是某只股票是否被机构投资者收购买进，排名从 A 至 E，A 为最高级）。批发食品市场公司的股票是伊芙在最早期交易成功的股票之一，后来还不断获利。伊芙自己也承认，她确实非常注重健康食品，所以，当公众对这家公司还不了解的时候，她已经比较了解了。这让她对这家公司及其发展的潜力有更坚定的信心。

伊芙这次成功的经验是：只要有可能，她都会亲自去自己关注的公司的店面看看，或者买些产品，看自己是否喜欢。她自己的食品柜里放满了市场调查买来的各种产品，包括绿山咖啡公司生产的 K 杯咖啡机（绿山咖啡公司 2010—2011 年股价日 K 线图如图 10—9 所示），露露柠檬公司生产的运动器材（露露柠檬公司 2010—2011 年股价日 K 线图如图 10—10 所示），还有迈克尔·科尔斯公司生产的配件等。

吉米·罗倍尔 2011 年创办了一个小型的成长基金，他通过朋友认识了伊芙，并让她来帮忙。

要有周详的计划

在做市场调查和投资的时候，伊芙有一套非常严格的程序。她计划周详，

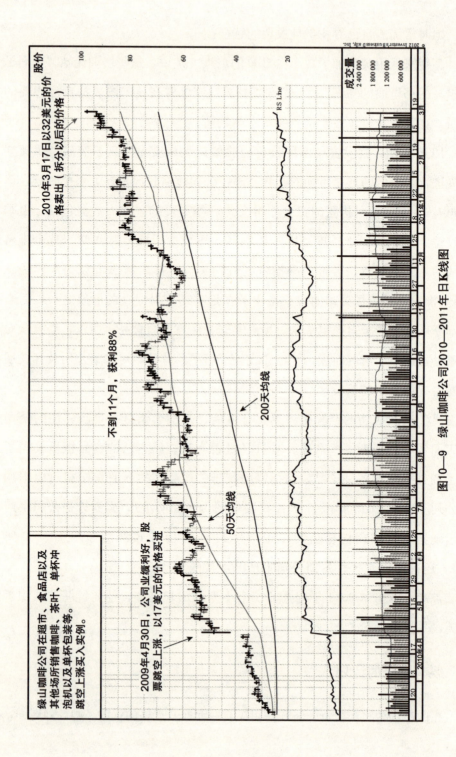

股价

100

80

60

40

20

2010年3月17日以32美元的价格卖出（拆分以后的价格）

不到11个月，获利88%

200天均线

50天均线

RS Line

绿山咖啡公司在超市、食品店以及其他场所销售咖啡、茶叶、单杯冲泡机以及单杯包装等。跳空上涨买入实例。

2009年4月30日，公司业绩利好，股票跳空上涨，以17美元的价格买进

成交量

2 400 000
1 800 000
1 200 000
600 000

© 2012 Investor's Business Daily, Inc.

图10—9 绿山咖啡公司2010—2011年日K线图

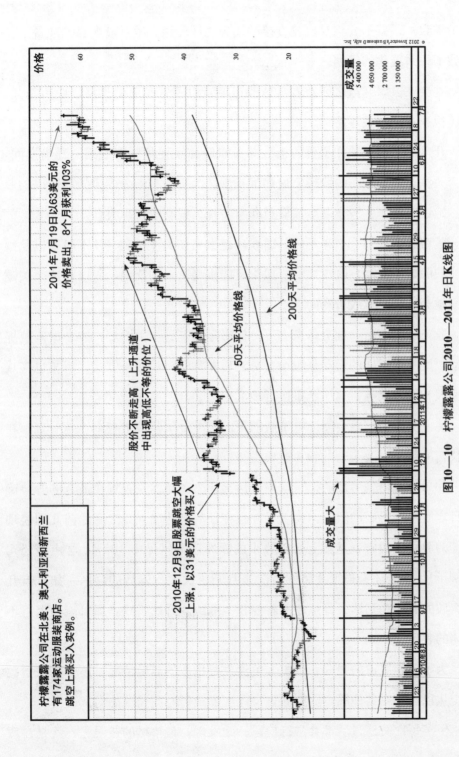

柠檬露霉公司在北美、澳大利亚和新西兰有174家运动服装商店。跳空上涨买入实例。

2011年7月19日以63美元的价格卖出，8个月获利103%

股价不断走高（上升通道中出现高低不等的价位）

50天平均价格线

200天平均价格线

2010年12月9日股票跳空大幅上涨，以31美元的价格买入

成交量大

价格

60
50
40
30
20

成交量

5 400 000
4 050 000
2 700 000
1 350 000

2010年8月 6 20 13 9 17 15 29 12 26 10 24 2011年1月 4 18 31 14 28 11 25 14 8 13 27 29 13 27 13 24 6 8 22
9月 10月 11月 12月 2月 3月 4月 5月 6月 7月

© 2012 Investor'sBusinessDaily, Inc.

图10—10 柠檬露霉公司2010—2011年日K线图

171

分析细致，还有一套相对比较直接的固定功课要做。她对最重要的准备工作都做了很系统化的规划。

她会在股票开盘之前查看全球股市期货以及开盘前的价格、股市新闻，她还检查自己的关注清单。

开盘之后，她关注主要的指数并重点跟踪主要的领军股票。开盘期间，她会关注100只左右的股票，这些都是她认为可能有潜力成为领军股票的股票。她还查看哪些股票基本面资料非常特殊、成交量特别大。

股市收盘之前一个半小时的时候，她会密切关注指数、领军股票以及她关注的股票。交易日收盘之前，通常可能出现重大的反弹，所以在这个关键时刻她会密切注意股市动向。

股市收盘之后，她会休息一下，做做运动。她会去跑步，或者做匹拉提运动，她觉得这样的运动是股市交易之后非常有效的放松方式。伊芙也喜欢跟家人和朋友聚会，这让她更接近现实生活。

晚上的时候，她会阅读电子版的IBD，再做一些网上查询。她一直都在寻找新的趋势以及未来的领军股票。

如果股市出现了新的上行动向，伊芙会立刻追踪，查看在最近的升势确立日之后出现突破的股票。突破早并且在新的升势确立日之后的前几周表现最佳的股票，通常就是新上行趋势中的领军股票（见图10—11瑟卢斯公司的例子）。伊芙还会根据突破的情况来判断这次上行趋势的强弱。如果有几个突破的股票在到达关键点之前就停止上涨或者开始下跌，那可能是上行不成功的表现。

为了确定股市的强弱，伊芙会关注主要指数的离散情况，还会关注指数的变化以及相对其他股市周期而言，此次的上行时间长度如何。

伊芙每次交易过后都会进行检讨。她发现，最糟糕的错误之一就是在股市超级领军股票上只赚取很小的利润。那些超级领军股票应该被持仓更久等待飙升。伊芙买了易趣公司的首发股，但是股票却下跌了，所以她抛售了该股，并且，她一直没有再次进场买易趣的股票，所以她错过了这只股票的大行情。

一旦你找到了股市的领军股票，一定要投入足够的资金，才能获得巨大的利润。你购买过的最好的股票应该是你持仓量最大的股票。这是易趣股票带给伊芙的教训。

于是，伊芙学到了：如果有股票在下跌后最终反弹，并开始上涨，她必须再次买进。

避免情绪化交易

为了避免在股票热潮中出现情绪化交易，伊芙给写下了自己制定的原则，并且贴在随时可以看得到的地方。她进行交易的时候，总会问自己买卖或持仓的原则是什么。

避免情绪化交易的方法之一，就是根据日 K 线图买进，根据周 K 线图卖出。日 K 线图可以显示某只股票开始突破的时机，周 K 线图却能够显示更大的画面，帮助投资者对股票的状况做出有价值的评估。为了抓住股票的大行情，千万不要因股市每天的徘徊而动摇或离场，你应该密切关注股票的中期走势。周 K 线图就能提供这方面的信息。

伊芙觉得，在买进之前必须写下持仓的原则、定下抛售点，这非常重要。这种预防措施能消除抛售时的犹豫不决。

伊芙采取渐进式的交易，避免反应过度。如果后期出现好势头，她还会继续跟进买入。

她目前正在学习 1998 年的股市和领军股票的特点。为了能够找出股市的领军股票，她发现了不少过往股票的历史。她研究了所有超级领军股票都具备的技术方面的反应。她注意到了一件事，即多数超级领军股票都在它们上行的初期就出现了大幅飙升。如此巨大的价格涨幅可能会让投资者害怕，但这确实是真正股市领军股票的特色。

处理好能买进的大幅上涨股票

要买进的大幅上涨股票应该是在上行股市中有强劲基本面信息的股票。IBD 所研究的超过 130 年历史的股票数据当中，有很多涨幅大的股票都成了最大的领军股票。当然，那些公司的基本面信息都非常好，都是行业内的领军公司，收益高、产品销量大。更大的赢家股票是那些涨幅大，并在股市中已经证明了自己力量的股票，由于收益高，所以股价也会飞涨。

如果有大机构投资者购买某只股票，那就是很好的标志，它们对那个公司以及它的产品和服务很有信心，并且估计该公司今后可能会成功。

· 要点 ·

- 关注升势确立日之后立刻突破的股票，判断上行趋势的强弱，追踪潜在的超级赢家股票。
- 最好的股票应该持仓量最大。
- 在电脑旁边贴上你的交易原则，避免情绪化交易。
- 大幅上涨的股票应该是在上行股市中有强劲基本面信息的股票。
- 评估公司的时候，如有可能，去它们的店面看看或买它们的产品试试。

➤ 戴维·莱恩

戴维是从爸爸哪里了解到股票的。他爸爸认为，投资是赚取大学学费的最佳手段。早在戴维还很小的时候，他爸爸就开始跟他讲一些公司，如迪士尼公司，让戴维多了解一点。戴维 13 岁的时候买了第一只股票——10 股糖果厂商赫希公司的股票。戴维一直关注这家公司的股票，还关注股市里其他的股票，他觉得股市很有意思：为什么有些股票会涨，有些股票会跌？

后来，尽管上了中学、上了大学，但他对股票的兴趣一直都没有减退。有一次在世纪城听完比尔在投资论坛上所做的介绍后，戴维订阅了"每日图表"工具来试用。每周六去取打印的图表的时候，他经常看到比尔·欧奈尔在那里解答问题。戴维听着听着，不知不觉被深深吸引了。

他刚从加州大学毕业就跑到欧奈尔的办公室，说愿意免费帮他做事。他见到了比尔当时的行政助理——凯西·希尔曼，她觉得戴维的精力与热情正是股票市场所需要的。戴维离开欧奈尔的办公室的时候，以为自己的毛遂自荐会不了了之。回到家，他发现有电话留言，说欧奈尔要面试他。几天之后，比尔面试戴维，问他五年后想做什么。戴维不知道，不过，他回答道："我知道你非常成功。我只想学习所有的东西。"

于是戴维开始在公司的教育部门工作，研究学习 CAN SLIM 投资系统的一切内容。1982 年，又一轮新的牛市开始了，戴维开始投资，把从欧奈尔公司学到的东西付诸实践。他说："做了一年半，我做得非常好，但是我也犯了很多错误，把可以挣到的钱都赔了出去。"于是戴维又回过头继续研究自己交易的情况，他总结出一个问题：买股票时战线拉得太长。他决定，从今以后必须非常自律，所以"我的表现开始节节上升"。

1985—1990 年间，戴维三次获得全美投资锦标赛的冠军，引起了全国的关注。这个比赛是由斯坦福大学的一位前教授资助的，用真钱在真的股票市场炒股。每年有大约 300 人参加这个比赛，其中包括投资组合管理经理、股市撰稿人、个人投资者，看谁能获得最佳回报。

戴维说："CAN SLIM 把原则给你都讲清楚了，你得按照自己的能力整理好、适应好、运用好。干一件事情想要获得成功，必须做很多的研究，付出更多的时间。"

1982—1985 年，戴维的主要职责之一就是与比尔密切配合，为公司的 500 个机构投资者客户提供挑选个股的建议。戴维还开始管理威廉·欧奈尔公司的几个投资组合。

戴维跟着比尔工作了 17 年，他对比尔非常尊敬，并从比尔那里学到了很多，但是他觉得自己应该"振翅而飞"了，于是他在 1998 年 7 月开设了自己的对冲基金公司。

戴维认为，他之所以能够在股海里当职业投资人这么多年，主要原因如下：他能够尽量控制风险，把损失控制在可以处理的范围之内。他还说："如果是你自己的钱，你可能还敢多冒一点儿险；但是拿别人的退休金以及他们全家的财富来交易，你不能冒险。"

他喜欢投资零售业的公司，因为"可以上它们的商店或餐馆去看看，去感觉感觉"。交易的时候，戴维通常会把某只股票的仓位保持在最有效的位置。比如说，假设他有 2 万股股票，如果股票在底部徘徊，或者股票回落，他会只保留 1 万股；等股票开始上涨的时候，他再补仓。

最近几年，他成功交易的股票包括奇普托利墨西哥烧烤公司、苹果公司以及卡特彼勒公司。

了解公司成功的故事

让你牢牢抓住赢家股票的原因之一，是你确实了解了公司的成功故事。公司为什么会成功？公司有哪些重要的概念会让它不断获得高利润？公司的规模几年内会不会从 250 家商店变成 500 家商店？它们生产的产品是不是非常畅销？

戴维觉得，即使有一份工作，还是应该进行投资："每天花半个小时学习投资，把 CAN SLIM 系统的原理付诸实践。IBD 已经为你挑选出最好的板块和最好的一些股票。你要做的就是在第一年内，挑选出一两只股票。你应该可以获得较好的回报。"

他说："CAN SLIM 投资系统是股市最快的赚钱方法，但是关键在于有原则。投资者必须遵守一些简单明了的原则。"

戴维对投资和股市充满热情，"这能帮我在艰难时期渡过难关"。

他还说，虽然赚钱是好事，但是还有更重要的事情："信心、家庭和朋友，这些是最重要的。这些关系需要处理好。"

• 要点 •

- 必须绝对了解股票背后的成功故事。公司为什么会成功？公司有哪些重要的概念会让它不断获得高利润？
- 每天花半个小时学习投资，把 CAN SLIM 系统的原理付诸实践。
- 你要做的就是在第一年内，挑选出一两只股票。你应该可以获得较好的回报。

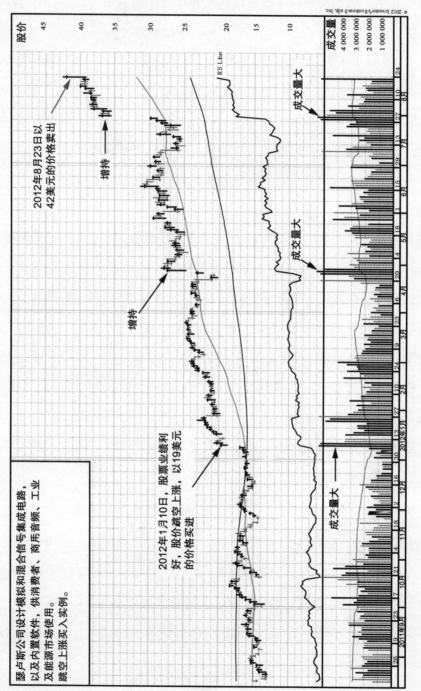

瑟卢斯公司设计模拟和混合信号集成电路，以及内置软件，供消费者、商用音频、工业及能源市场使用。跳空上涨买入实例。

2012年1月10日，股票业绩利好，股价跳空上涨，以19美元的价格买进

增持

增持

2012年8月23日以42美元的价格卖出

RS Line

股价

45

40

35

30

25

20

15

10

成交量大

成交量大

成交量

4 000 000
3 000 000
2 000 000
1 000 000

成交量大

© 2012 Investor's Business Daily, Inc.

2011年9月 10月 11月 12月 2012年1月 2月 3月 4月 5月 6月 7月 8月

图10—11 瑟卢斯公司2011—2012年日K线图

➤ 投资组合管理经理：迈克·韦伯斯特和查尔斯·哈里斯

快如风，静如森，势如火，稳如山。

——武术战斗口号

这句武术界的名言恰恰道出了职业人士在交易当中需要的冷静与果断。迈克和查尔斯十多年来一直是欧奈尔数据系统公司的投资组合管理经理。他们工作努力，对股市充满热情。虽然他们在事业上都很成功，职业与个人的交易户头上都有很多钱，但两人都彬彬有礼，没有架子。

迈克·韦伯斯特

迈克年轻的时候就很喜欢投资。

迈克说："我 24 岁的时候看了彼得·林奇的书《华尔街往事》，这本书对我影响非常大。它让我了解了如何判断公司和产品。林奇是那种知道什么就买什么的人，我也有同感，因为当时我也在留意，看哪种新产品会给我带来新的突破。那个时候，我到纳帕谷的罗伯特·蒙大维酒庄去游玩，被那里的情况给惊呆了。那家酒庄在生意的每一个细节都投入了非常多的关注，真让我感到惊讶——从如何预防葡萄染上疾病，到如何设计新的不会泼洒出来的酒瓶。我回家之后就买了那家酒庄的所有年度报告，从头到尾仔细地读了起来。虽然我才刚开始接触投资，也无法真正了解那些数据的真正意义，但我还是很肯定，这家公司是非常好的。但有一个问题，我没有钱。我刚大学毕业几年，靠薪水勉强过活。我想买 100 股，但是钱不够，所以我开始存钱，一分一毛都存下来。与此同时，那只股票没有停下它的脚步，从 7 美元升到了 14 美元。我知道，如果再不加快动作，我就要错过这只股票了，所以，我就用所有的钱，540 美元，买下了一些股票。我继续存钱，然后不断买进，到最后卖出的时候，股价翻了一番。我从这次交易中学习到了非常多的东西。随时随地观察新产品，这些新产品是推动股价上涨的动力。"

改变人生的圣诞礼物

那一年的圣诞节，迈克的父母给他买了一本《笑傲股市》。迈克回忆起当时的情况："我根本不知道那本书会改变我的人生。"看过那本书之后，他对自己说："我得在那家伙手下工作。"

后来迈克被威廉·欧奈尔公司研究部录取了，他觉得好像自己中了乐透的大奖。他被录取后不久，出了一场车祸，车子完全被撞毁了。当坐在马路边等妻子来接时，他对自己说："我觉得好像是获得了第二次生命。我不想浪费生命。我立即写下短期和长期的目标。我的主要目标是成为比尔的投资组合管理经理。我每天都看图表，保持积极主动，每天都加班。"

不久之后，比尔在研究部做了一次非常有启发的演讲。听比尔讲完之后，迈克对比尔说，他想当投资组合管理经理。比尔说现在他不太需要投资组合管理经理，但是他说："你把经手的交易整理一下，来跟我谈谈。"

迈克整理了过去几个交易的记录，还有他当时的想法，紧张兮兮地走进了比尔的办公室。他回忆道："我从来都没有那么紧张过。比尔对我非常严格。"跟比尔谈完之后，迈克觉得"心情糟透了，完全被打垮了"。他知道，自己给比尔看的图表有些夸张变形，比例不对，所以比尔以为迈克目前投资的许多股票的价格变动幅度太大，而事实情况却不是这样的。

公司的一位老员工问迈克："比尔跟你谈了多久？"迈克说一个半小时，那位女雇员说："如果比尔知道你没有潜力，他不会跟你谈那么久的。接着在公司干。"

和高手一起锻炼，学习活在当下

迈克再接再厉，跟比尔的交流也越来越多。比尔也看出迈克处理交易的方式有了改善，因为他听从了自己的反馈意见。1999 年 12 月底的时候，比尔看到迈克出色地运用 CAN SLIM 投资系统进行了几次非常成功的交易，决定聘用迈克当投资管理经理。迈克的美梦成真了。第二年，迈克非常幸运地开始在比尔的办公室里工作，并在那里工作了几年。他说："那是非常特殊的学习经验，对我有非常大的促进作用。没有人像比尔那么卖力工作，也没有人有像比尔那么积极的态度。他是个好榜样，好导师。"

跟比尔共事一段时间之后，迈克发现比尔天生是一位好交易员："这一星期比尔不喜欢某只股票，几星期之后，他会回过头来买进那只股票。这种灵活度让他笑傲股市 50 年。他不在乎过去说过什么。当情况有了变化，他也随之变化。"迈克想起自己曾犯过一个错误，比尔跟他一起分析。迈克手里的大量股价跌至买入点，损失了一次巨大的机会。比尔说："你得随时保持你的灵活度，就像风中摇摆的树木。不要僵持不动。如果股票表现很差，至少该卖出一部分，接下来再评估情况如何，看是不是需要进一步抛售。"

"比尔不怕出错，也不在乎别人说什么。他不会拉不下脸面，而且他比我认识的任何人都有信心。如果犯了什么错，比尔会立刻改正。如果股票又反弹，他会立刻再次买进，而且投入的资金也比上一次多一点点，这样就有点防御的意味了。"

"比尔有能力从股市领军股票那里赚到大钱。一旦安排好股票的利润缓冲，他就会持仓等待，如果股票价格涨了，他会按合理的比例加大持仓量。他的持仓时间会跨越几周甚至几个月。他挑选股票的功夫非常了得，也很有耐心，别人只能望其项背。"

随时关注新概念新想法

迈克通过跟比尔共事学到的另一个重点是：要随时关注新概念新想法。比尔周末的时候会查看数百只股票的图表，迈克也是如此。

迈克说："定期研究数百只股票的图表，让你对图表了然于胸。你会注意到某些股票有特殊的情况，跟人一样：有些很慢但很稳，有些很冲动，有些介于两者之间。一旦掌握了某股票的特性，你就能知道该股票的表现算正常还是反常（后者更重要）。深入研究了股票图表就能够掌握这样的技术。"

迈克说："我当投资管理经理后唯一一次反对比尔，是他让我在 IBD 读者见面会高级培训课程上讲课。我对面向公众演讲非常恐惧。"比尔不了解迈克的这种恐惧，还是不断地鼓励他："你对这个投资系统的每个细节都已经了如指掌。"

但是迈克还是很害怕进行公众演讲，不过他开始跟比尔一起在高级培训课程上发言，而且，从课程后的反馈中他也真正了解了这些课程的价值。比尔一直对来培训课程帮忙的人说："教学过程也很有用，因为我们要教学，所以之前做的准备非常充分。这迫使我们自己进一步加深对这个系统的理解。"

每日股票图表演练非常有帮助

迈克觉得，课程中的模拟股市对他的交易很有帮助："在图表课程中我跟查尔斯·哈里斯一起授课，我们一起一步一步研究每日图表。我们会在许多关键点停下来，让大家讨论在那个时候我们会做些什么。当我在真实的交易中需要做决定的时候，就想象自己是在上培训课，这让我更加清楚自己所处的状况。"

迈克对新投资者会做这样的提醒："不要刚开始就想赚一大笔钱。最主要的目的不应该是赚钱，而应该是学习投资系统。钱会自己来的。最糟糕的情况是，你的投资习惯很差，但是在股市好得情况下，你碰巧赚了很多钱。刚开始，用你想要投资总额的 10％来交易。边学习边犯错误，从中学习，改正错误，然后考虑用大笔资金来交易。"

寻找历史上类似的股市情形

学习牛市与熊市的历史可以帮助投资者掌握股市数十年来重复的大起大落的规律。比尔·欧奈尔在 1984 年创办 IBD 之前，就一直想着要帮助投资者了解股市的整体态势。他研究了股市的历史数据，对股市多年的起落进行了诠释，这非常有帮助。

"如果你喜欢研究股市以及过去成功的股票，那么你最终会找到和以前一样的情形。2003 年初，我发现 1929—1932 年道琼斯指数的状况跟 2000—2002 年纳斯达克指数的情况非常相似，甚至几乎一样。我还发现，1933 年 3 月牛市开端时候的道琼斯指数和 2003 年 3 月纳斯达克的状况很像。所以，在那段期间，我就用这个先例作为指导，大胆地进行交易。这就是比尔一直强调我们要研究股市和股票的历史的原因，因为一切都没有改变过。"

创造高效有用的通知工具

多年来，迈克为公司创造了许多好产品。第一个就是 Investors.com 网页的《股票医生》栏目。他还创造了 IBD 综合指标，因为比尔想让投资者能够快速评估某只股票的基本面信息的整体强度。这个综合指标包含了多个重要特色，如收益增长、利润空间、12 周机构买入的状况以及其他基本面数据，以此来辅助投资者快速找到最佳股票。他给股票评分，从1～99 分，99 分为最佳股票。

迈克还帮助研发了 MarketSmith 250 增长页面。他承认自己是个"页面控"。他之所以设计这个页面就是为了让大家省时间，只生成一个值得继续研究的股票清单，而不是没完没了的一个接一个的页面。这个清单是综合了 30 个主题页面，过滤了很多基本面和技术信息而生成的（如股价、收益、流通性、回报率以及税前利润等）。迈克说："要设计出正确的页面需要花很多年的时间，我们想为大家的学习加把劲。设计这个产品的目的就是帮大家省时间。我每星期都用这个产品。"

"图形辨识"是迈克协助研发的 MarketSmith 工具下面的另一个产品，它能用对数来生成图表基底，并辨识潜在买入点。迈克通过努力工作和试验，最终让电脑能够辨识并画出基底图形。如果投资者对阅读理解图表还不熟，这个工具就能帮助他辨识已经在基底盘整并且准备突破的股票。对于比较老练的投资者来说，即使他们已经能够理解图表，这个产品也能给他们省时间："能获得关键点、深度、还有基底的阶段，并用百分比表现出来，这再好不过了——就像是用计算器进行运算而不用笔算。"

迈克还和查尔斯·哈里斯一起教授"股市学校"课程。迈克说："查尔斯、我还有贾斯丁·尼尔森配合，根据股价与成交量制定了一些买卖原则，得出投资者可以投资的深度。我们知道，升势确立日是我们可以进场的标志。另外，如果出现很多抛售日，那就预示着股市很快将会触顶。但是，关键问题在于股市的顶部与谷底之间的那段时间。比尔有数十年的经验，他能够知道如何判断应该投资多少，但是我们不是他。所以，经过无数小时的反复测试计算，我们制定了一些买卖原则，非常有效。我们的目标是学会像比尔那样看市场并进行交易的方法。"

有一种产品迈克没有参与，但他非常喜欢，那就是"图表收藏"（Chartarcade.com 网页）。他说自己 10 岁的女儿让他对这个网页爱不释手。这是 MarketSmith 团队创造的游戏，投资者可以根据历史图表数据的价格和成交数量来模拟买卖股票。迈克说："如果你玩这个游戏，你买卖股票的决策是对是错，立刻就可以得到反馈。这真的能让你的学习进步飞快。"（投资者可以在 Chartarcade.com 网页上免费练习。）

迈克的总体建议是："认真阅读《笑傲股市》，严格遵守 CAN SLIM 投资系统。每星期都花几小时来研究学习，你就会在退休的时候拥有更多的钱，甚至大笔的钱。不过，如果你真想改变自己的人生，就像做其他许多事情一样：你需要花很多时间和努力，但最终会如愿以偿的。"

· 要点 ·

1. 随时保持最新的关注清单。

- 建立一个即将达到潜在买入点的股票清单。

- 对值得关注但尚未达到潜在买入点的股票多加留意。

- 对买进的每一只股票，都要有卖出、持仓以及补仓的计划。

- 有计划地进行交易，把计划付诸实践。

2. 关注强势的信号。

- 如果指数高于 21 天均线，那么市场就算比较强劲。

➤ 查尔斯·哈里斯

查尔斯当过商业地产评估员，之前还努力地想通过地产评估委员会的资格考试。但他对自己的工作不是很满意，想换一个职业。他一直很喜欢股票市场，所以，当他看到威廉·欧奈尔公司在加州大学的职业网上发布了招聘广告时，就递上了简历。不过，他收到一封拒绝信，说感谢他的申请，但是他不适合这份工作云云。几年之后，威廉·欧奈尔公司研究部要寻找一位有工商管理硕士学位的人来做研究。虽然查尔斯没有这样的 MBA 学位，但是他还是递交了申请书。这一次，在成功了。在被录用的时候，他主要做的是价值投资的工作，他"刚开始涉足股市，投资一些市盈率较低的股票，而且做得不怎么成功。我当时还不知道比尔·欧奈尔是谁呢"。

查尔斯当时的想法是，先进这一行再说，花上一两年时间，在金融界积累一些实战经验，然后在证券分析方面找个工作干干。他开始朝这个方向前进，最终准备考 CFA 认证资格。

在研究部的工作使他有机会接触到各大投资机构的证券分析师准备的股票数据和详细个股报告。查尔斯觉得，看这些报告可以帮他找到最佳股票，在股市猛赚一笔："当我读那些编撰得具体周详又有说服力的报告时，我打电话给妻子，跟她说：'我们就要有钱了！'但是，我在 3 个月内损失了一半的财产。我太天真了，那是我的一个重大教训：不要被别人的意见左右。要靠自己研究，自己得出结论。"

从 1995 年 9 月到 1996 年底，查尔斯在投资方面没有什么成就可言，虽然他非常努力地想把学到的 CAN SLIM 投资系统付诸实践。虽然他能够找出赢家股票，但是他常常出手过早，结果是损失很多。

评估你的交易长处和弱点

1996 年 12 月起，他坐下来认真地反省了一番。他思索着："我是个什么样的交易员？我的交易有什么长处有什么弱点？如果想成功，我需要遵循哪些简单的原则？"根据那一年的交易经验，查尔斯做了交易后分析，写下了一系列的交易原则。他还写下了几位交易传奇人物教授的要点，这些人包括比尔·欧奈尔、尼古拉斯·达瓦斯以及杰西·利弗莫。这成了他的《交易宣言》，是他发挥个人优势的具体策略，同时也记录了从那天起，他所遵循的交易原则。效果几乎是立竿见影的，查尔斯在股市获得了"巨大成功"，18 个月内让自己账户的资产增加了 1 500％。

不幸的是，查尔斯又通过惨痛的经验学习到另一个重要的残酷的现实——巨大的成功往往会带来膨胀的心态。1998 年 7 月到 10 月初的短暂熊市让查尔斯损失了四分之三的财富："我的失败是由自己的傲慢造成的。虽然股市环境已经变得非常危险，一切因素都对我不利，我还是铤而走险。没有坚持原则，我丧失了信心，几乎放弃了交易，我以为自己的成功只是初学者的好运气而已。"几个月前，他刚刚取得了 CFA 资格认证，所以申请到公司下属的财务管理公司当分析师。

1998 年，增长超过 1 000％

然而，查尔斯没有得到那份工作，当时的市场在 1998 年 10 月份开始转入一个牛市期的最后阶段，所以，他继续遵循让他初期获得成功的那些原则进行交易，并且，这次他真的恪守原则，重新获得了自信心。1999 年，查尔斯的个人账户获得了巨大收益，增长率超过 1 000％。他记得比尔在听说他的成功之后对他说过："请记住，我们在穿裤子时每次只能穿一个裤腿。"

比尔有多年的成功经验，还和几十位交易员一起共事过。他了解，成功的交易员通常会头脑发热。"也许他是在警告我，别太自以为是。我希望自己当时听进去了。"

1999年底的时候，查尔斯找高管部门反映，说他想帮比尔做事情，当投资管理经理。几周之后，等他的交易结果出来了，比尔就带他一起去吃午餐。比尔说他不需要投资管理经理，但是需要有人做研究分析员，来辅助现在的投资管理经理。比尔说："说不定今后可以让你管理一些资金。"

2000年1月，比尔把查尔斯转到自己办公室门口的一个办公隔间，让他研究比尔跟其他投资管理经理感兴趣的股票。2000年的前8个月，查尔斯的个人账户价值增加了800%。看到查尔斯有这么好的成绩，2000年6月，比尔调了一些资金让查尔斯来管理。那时正好碰上一个短暂又强劲的上行趋势的开头。查尔斯拿到比尔给的资金之后，在6周内，让他手中管理的资金增长了超过50%。"我那时好像站在世界之巅。"他说。查尔斯根本不知道，那是一个绵长而无趣阶段的开始。

"我的傲慢再次抬头。我变得过度自信，开始不遵守一些原则。2000年9月，股市崩溃的时候，我不顾熊市已经开始，仍在不停地交易。我在完全失控之前，一直积极地交易。我完全丧失了原则，就像毒瘾发作了一样。"

最终，查尔斯把自己管理的公司账户里的钱的大部分都赔了出去，自己的钱也损失巨大。"经验是无可替代的，如果你自己没有进入投资这个战场，是没办法了解的。"他说："股市好像被当中劈开，一分为二。纳斯达克指数在4个月中跌了45%。我损失巨大。唯一挽救我的是1998年的熊市经历，当时我几乎把全部的钱都输光了。我知道自己已经完全失控，所以开始把钱从个人账户里转移出来，这样一来我就没有资金来交易了。最终，我保住了三分之二的资本，其他的钱则打了水漂。那次经历对我的精神打击非常大，我从此一蹶不振。"

绝不违反原则

之后，查尔斯又开始遵守自己制定的交易原则，他渐渐做了几笔"好"的交易，慢慢恢复了自己的原则和自信。他从惨重的教训中懂得了"必须永远坚守自己的原则，放下自己的高傲，因为在股市里打破原则会让你损失一大笔钱"。他补充说："我已经体会到跟随股市大方向交易的重要性，还有，不可以陷得太深，因为如果你自己挖了一个深坑，跳了下去，要在心理上恢复过来是非常困难的。有时候需要花好几年的时间才能恢复，这是多大的浪费啊！"

当查尔斯和迈克·韦伯斯特开始帮比尔做投资管理经理的时候，他们已经并肩作战两年多了。每天他们都比较交易成绩。"我猜那是骄傲的自我在作怪，我们都想跟别人比一比。但实际上，跟迈克比较成绩给我很大的压力。即使我交易成绩很好，但只要他的成绩比我好，我还是会觉得不舒服。不过，如果我做得比他好，即使我的成绩不怎么样，我还是会感觉良好。这道理完全说不通。"

"我开始学习如何钻入自己的'蚕茧'，让自己与别人隔离，就像股市传奇人物尼古拉斯·达瓦斯，还有'独狼'杰西·利弗莫那样，于是我不会把自己的交易成绩跟别人比较了。要在股市取得成功，你不需要是个天才，但是需要控制住自己的傲慢，这样你才不会违反原则，并疏忽犯错。"比尔在这方面有功劳，他把他手下的投资管理经理隔离开来，不让他们比较交易成绩。他知道，如果让他们相互比较，他们的压力会更大。

了解并克服自己的弱点

查尔斯教授了多年投资课程，他深深地知道，每个交易员都有各自的长处和弱点："有些人很难强制自己止损。有些投资者则没有耐心，无法长久持有股票，无法等到股票的大行情出现。他们自尊心很强，在早期有了一些利润就抛售，但是他们没有抓住后面更大的好机会。"

"为了克服弱点，比尔教我做到以下三点：

1. 承认自己有缺点。有些投资者拒绝对自己的行为负责，他们最终永远无法成功。

2. 进行交易后分析；你的弱点很快就会暴露出来。

3. 制定克服交易错误的原则。"

"把原则和策略写下来，就等于把最适合自己的交易风格给分析出来了。我比较像一名波段交易者。如果我对股票做过分析，觉得会有反弹，那么我能坚持等到较大的利润。我也比较倾向于购买那些反弹贴近主要股价均线的股票，或者是买单很大的股票。这些迹象都能证明他们是股市的领军股票。我比较像棒球运动里的一个球一个球地击打的打击手，而不是一次能跑出全垒打的打击手。这种风格跟我的性格很像，所以我没有刻意去改变自己。比尔多年来的交易情况证明了他是一个跑本垒的选手，所以，他的交易方法跟我不太一样。这没有问题。比尔很早之前就跟我说过：'如果你的方法有效，就不要改。'"

"比尔在很多方面都给人很多启发。别的不说，他的工作态度无懈可击。公司里没有人比他更努力地工作。当面对股市或个股的时候，他非常灵活。他可以随时改变看法，但是，一旦认定某件事，他就不会动摇。我最钦佩他的地方是，他从没有把自己账户里的钱输光，这对投资者来说是非常罕见的事情。如果某只股票表现很差劲，他会毫不犹豫地止损，不管他认为那个公司如何，或者他多么喜欢那只股票。大多数财经界的财富都是靠拿别人的钱来交易赚到的，而他是少数几个用自己的钱赚出大钱的人。比尔向全世界证明了，在股市是可以赚到钱的，关键就在于要找到几只超级赢家股票，好好对待它们。当然，说起来容易，做起来难。"

一辈子只要能找到几只好股票，就可以赚到大钱

"比尔是个天才，他能在牛市中找到特别的、最终又能变成超级赢家股票的对象，而且能够把握那样的机会，赚到大钱。不是每一只好股票他都能找到，偶尔也会有漏网之鱼。我记得他有一次跟我说过，'你不可能亲到每个小孩子'。但是一辈子只要能找到几只好股票，就可以赚到大钱。"找那些能够扭转乾坤的股票，那些有特别新的产品和特殊产品的公司。比尔发明了 CAN SLIM 投资系统来帮助投资者更好地找到这样的股票。

"我现在的资金是 2001 年时候的 40 倍，都是自己的钱，没有借钱炒股。而且在那段时间，股市整体表现比较疲软。要获得那样的收益，你必须牢牢抓住股市出现的短暂机会，不要等它跌回盘整的阶段。"

"股市改变了我的一生。我所拥有的一切、我给家庭带来的一切都是我成功交易得来的。每个人都可以做得到。想成功，你必须得努力地研究。当然，这并不容易，成功也不会一蹴而就。没有捷径可言。你必须相信自己，还得相信你的交易原则。要有耐心，努力钻研，遵守原则。最终你会成功的。"

关于市场心理：

● 在交易中必须放下自我。

● 如果交易出了差错，不要一直惦记着那个错误。

● 不要想做得完美无缺。

● 最佳的交易员不会太在乎自己过去的交易成绩。坚持使用好 CAN SLIM 系统。

关于交易：

● 如果股票成交量不大，平均日成交量少于 40 万股，不要投太多钱在那样的股票上面。

● 如果股票没有很大的获利可能性，不要交易（只交易从真正的基底以比平均成交量大 40％的成交量突破的股票）。

● 即使犯过很多错误，你还是可以赚很多钱。

● 远离熊市。如果逆市而行，很容易就会损失很多的钱。

第十一章

大师：传奇投资人物比尔·欧奈尔

胜利属于那些愿意付出代价的人。

——孙子

箭之所以能飞得又直又远，是因为弓的强度和质量很好。箭的成功与弓密切相关。我们跟老师的关系是我们这一生中非常特殊的关系。大师的教导不管多么细微，只要我们都相信了，都听从了，就能够在成长过程中获得最大的利益。

——黑带九段高手赵熙日

在各行各业，大师是获得最高成就的人。在投资界，比尔·欧奈尔是一位传奇式的人物，也是最成功的投资者之一。但是跟以前许多优秀投资者不一样的是，他更致力通过教学来帮助其他投资者。

➤ 威廉·J·欧奈尔

简 介

非常成功的人士往往具有很多复杂的品质。要给比尔下个定义也不容易。他的工作态度很早就形成了。他出身于普通家庭，一直干着兼职的工作，要么送报纸，要么在当地杂货店的蔬果摊做事情。比尔·欧奈尔一辈子都在很努力地工作。

他也是个很内向的人，矜持、谦虚，但是他非常愿意帮助别人，即使这样做让他不得不抛头露面。有人说他不是个普通人，对这样的说法，比尔并不赞同。他常常对别人的赞美不知所措。

他为人简单、有幽默感、脚踏实地，从他手腕上的手表就可以看出这一点。对公众演讲的时候，需要掌握时间，他经常会戴一款米老鼠手表。还有很多其他有趣的关于他的事。如果忘了戴手表，他会跟好几个人借手表，放在演讲台上来掌握时间。演讲结束后，他经常会很自然地把这些手表都放进自己口袋里，自己对此浑然不知。IBD全国发言人贾斯丁·尼尔森跟比尔合作过一些特别项目。他多次亲自找到比尔，在他把衣服送进洗衣机之前，追回那些"借来的手表"，归还给原主人。

但是，比尔虽然看上去大大咧咧，其实他是个非常有上进心的人。比尔读完大学又参加了美国空军。1958年退役后，他开始在海顿史东公司当一名股票交易员。

1960年，比尔学习了哈佛商学院的一个商业发展课程。

他一心想获得成功，所以对过去最著名的股票交易员进行了研究，如杰拉尔德·洛布、伯纳德·巴鲁奇、杰西·利弗莫以及尼古拉斯·达瓦斯。比尔当时还很年轻，他研究了当时最好的交易员杰克·德雷福斯，因为他的业绩超过所有其他基金。杰克桥牌打得很好，思路敏捷，比尔非常佩服他，所以比尔找来所有德雷福斯的基金募集公告，并且开始研究德雷福斯负责的基金买进的股票。比尔发现他们买进的股票都是股市上行阶段中的高价股，乍一看那是疯狂之举。在投资界，大家都挑便宜的股票买，不过这是一个普遍的错误。

比尔广泛地学习研究，他了解到，杰克非常会看图表，这让比尔对投资的态度有了彻底的转变。

比尔开始研究那些超级赢家股票在往最高价位冲刺之前都有哪些共同的特点。他从 1950 年的数据开始研究，发现所有的超级赢家股票都有一些基本面方面的相似之处。根据这项惊人的研究调查，比尔总结出了 CAN SLIM 投资系统，也成了他公司里表现最佳的股票经纪人。

他 30 岁的时候，他买下了纽约证券交易所的一个座位，创立"世纪信息科学"计划，开始分析股市数据（那时他是最年轻的达到这一成就的人）。同时，他还创立了威廉·欧奈尔公司，它后来成了一家非常成功的投资研究公司。

1972 年，他推出了《每日图表》周刊，罗列股票的图表。

1973 年，比尔创办了欧奈尔数据系统公司，这是一家主营高速打印与数据出版的公司。

《投资者商业日报》是 1984 年创办的（当时叫《投资者日报》），并成为第一份全国性专门报道股票的日报，向个人投资者介绍股市数据。在此之前，股票的数据只提供给职业投资者。

1998 年，《每日图表》网络版发行，那是一个全面研究股票的工具，首次为投资者提供了图表，在一张图表上配上主要的基本面数据，让研究工作更加快速方便。

2010 年，《每日图表》的新一代产品——MarketSmith 出现了。在这个划时代的产品之后又出现了《领军榜》，这是目前筛查能力最强的服务。

传　奇

比尔完全可以把这些关于市场的发现藏起来，自己享用，但是，他把这些知识公开与大家分享。他知道，这在今后的几十年，甚至永远，都会对很多投资者有很大的帮助，因为股票的心理不会改变。这是比尔送给投资者的爱的礼物，无法量化，无法计算。

他的传奇故事又因另一个独特而非常广泛的研究而更加精彩。他创建了一个传奇人物共同特点数据库，里面包括从古代的亚里士多德到现在的电视女王奥普拉等人物。从那些研究中，比尔得出了 IBD 成功的十大秘诀，在 IBD 上每天都可以看得到对此的体现。

《投资者商业日报》——IBD

当问及为什么创办 IBD 时，比尔说："我发现大众需要更多更好的关于财经市场的信息，特别是股市。我有三十年的投资经验，读过有关股市及其运作的所有书籍，包括所有主要的关于股市的报纸。"

"有些刊物不错，但是大多缺少对股市的判断——哪些可行，哪些不可行。于是我们就想通过 IBD 来填补这个空缺，以此来帮助人们获得更多的机会。" IBD 的核心在于从股市和股票中找出早期的上涨趋势。

IBD 的每一个特色栏目都是比尔认为投资者应该了解的重要事情。从很多方面来看，IBD 就是比尔写的成功投资者的交易计划书。IBD 在 2000 年的时候通过 Investors.com 平台发行了网络版，并且增加了《详细研究与清单》栏目，帮助投资者找到好股票。

比尔还写了好几本书，包括：

《笑傲股市》（1988 年第一版）；

《成功投资 24 堂课》（2000 年）；

《成功的投资者》（2003 年）；

《商业领导人与成功》（2003 年）；

《体育领导人与成功》（2004 年）；

《军事与政治领导人》（2005 年）；

《笑傲股市——成功投资完全手册》（2011 年第六版扩充版）。

恪守原则

比尔注重饮食健康，还经常运动。传奇交易员杰西·利弗莫说过："一个好的股票交易员跟好的运动员没有什么两样。如果想要在精神上保持健康，他们必须保持身体健康。"

比尔的工作态度和干劲让大多数普通人望而却步。比尔的成功主要是由于他的天才，但是他在工作上也比别人更努力，这就让他更领先一步。比尔说过："最成功的人是那些愿意为他人所不能为的人。"另外，他的注意力也像激光那么集中。在年轻的时候，他的眼光一定是咄咄逼人的。

每次我跟比尔交谈，不管是关于工作还是关于哪张有疑问的图表，他都能集中注意力，别人做不到这一点。能够如此集中注意力，也是比尔获得成功的部分原因。他可以研究一张图表，深入细节，到达别人无法想象的地步。

老　师

当比尔创办 IBD 的时候，他知道投资者需要认识投资的基本概念和特色，他还知道，如果他向公众演讲，就有越来越多的投资者可以学习到投资系统，并在经济上获得好处。所以，比尔多年来一直讲授免费的培训课，分享他的知识。早已无法计算比尔开的免费培训班帮助了多少位投资者。人数肯定有很多，因为很多人对 IBD 给出了正面的反馈。对很多人来说，比尔的演讲彻底改变了他们的人生。

多年来，比尔在无数的 IBD 培训班上讲过课，也总在课后留下来接受学员的提问，有时会持续很长时间，直到培训班所在的酒店把灯给熄灭了才不得不停止。他非常有耐心，愿意听每一个人的问题。

在 IBD 读者见面会上也是如此。我很荣幸，曾经多次和比尔一起在南加州参加了多场读者见面会。每次他都愿意付出，事后还留下来回答问题，耐心地解答投资者的疑虑，直到最后一个问题解答完毕。如果我们举办见面会的当地图书馆或社区活动室必须关门了，比尔会在门外找一个方便的地方继续跟投资者交谈。他总想让投资者在股市获得成功。

在美国最好的高尔夫球场上，你永远看不到比尔的身影，在豪华的游艇上也找不到。但是你可以看到，比尔一直在孜孜不倦地付出，想用他 50 年的股市经验帮助其他人得到巨大转变。

比尔·欧奈尔这种诚挚的心理，是发自内心的乐于助人的心理。他深知，他改变了自己的人生，很多人也可以改变他们的人生。

由于比尔的慷慨无私，加上工作努力，他通过教学影响了成千上万的专业和个人投资者。

有众多的传奇式交易员，如杰拉尔德·里奥博、伯纳德·巴鲁奇、杰西·利弗莫以及尼古拉斯·达瓦斯。我个人认为，比尔·欧奈尔发明的CAN SLIM 投资系统将在今后的数十年内继续为大家所讨论，他对那些想学习投资股市的人的影响，会远远大于其他人。

传奇式交易员

如果你想成为最好的投资者，可以想象，比尔·欧奈尔就站在你身后守护着你。你可以问自己：我真的决定要做这次交易吗？我该抛售吗？为什么？

你遵循投资原则了吗

要么做要么不做。不要抱着试试看的心理。

——《星球大战》人物，绝地武士尤达

如果你想成为最佳交易员，获得最高的回报，就得坚持遵循久经考验的CAN SLIM 投资系统。这并不只是比尔的个人观点。1880 年以来的股市和领军股票都证明了这一点。

如果比尔的投资管理经理偏离了 CAN SLIM 原则，比尔会提醒他们。现在你可以假设，比尔也在这么提醒你。每天看 IBD，就是在帮你巩固投资原则，让你更了解报纸的哪些部分是如何通过 CAN SLIM 的每一个原则来辨识当下股市的表现的。

灵活运用

最坚硬的树木最容易折断。竹子和柳树能够在风中摇曳，得以生存。

——李小龙

比尔从来不死守一个教条，对整体股市是如此，对某只领军股票也是这样。他一直保持灵活的态度，这是他作为交易员最强的优势之一。他并不固执，也不觉得自己永远正确。比尔很久之前就看到过很多投资者的失败，他总结出这样的观点：自大是成功的死敌，因为膨胀的自我以及自许永远正确的态度会导致失败。

我用一个例子来说明比尔的灵活性。1999 年的时候，由于最近一次的疯狂抛售，他非常确定股市已经进入熊市了。但是，当 1999 年 9 月股市出现一个升势确立日时，他完全改变了之前的观点，接受了股市给他展现的标志。

比尔也会对某只股票欣喜若狂，但是一旦发现自己错了，他会立刻弃之而去，不再多想片刻。他不需要永远正确。如果自己错了，也不需要道歉。比尔会根据股市的信息勇往直前。他完全做到了活在当下。

图表会告诉你股市的真实状况

比尔看图表中的所有细节，随时等待新点子的出现。他每个周末都学习研究许多图表。他会浏览很多图表，如果看到哪只股票有意思，他就会停下来细看。他几乎有图像记忆的能力，能分辨出以前是否出现过类似的图表，这可能就是他最厉害的天赋了。比尔可能会看到一张图表，然后说它与数十年前出现过一个领军股票非常相似。这种能力也是可以培养的，或许你无法达到比尔的那种高度，但是还是可以通过反复学习以往股市的领军股票图形来巩固这样的能力。《笑傲股市》一书里的前半部分罗列了 100 个经典股票图表，并配上了股市趋势的描述。

每只股票都像是一个人，都有个性。我把股票当人一样来研究。

研究一段时间过后，它们对某种情况的反应就变得可以预测了。

——杰西·利弗莫

有些股票会稳步前进；有些会有剧烈的波动。你得了解你想要交易的股票。

——威廉·欧奈尔

超级赢家股票的特性

● 对这样的产品人们是真有需要还是仅仅想要？公司的收益和销量有增加吗？这些因素就能告诉你人们对产品或服务的需求如何，它们在市场中的竞争力是什么？公司的产品和服务的独特性有多强？产品是独占市场，还是能被随意替代？寻找能够提供完全创新，并且是大众想要购买的产品和服务的公司。

● 成交量是供需关系的表现，在股票图表上可以看出。查看图表上成交量大于平均水平的暴增情况，这说明有机构投资者在买进那只股票。也说明有职业投资者在投入大钱买进这只股票（Investors.com 提供免费图表）。

● 大投资机构的钱是唯一能够推动股票价格上涨的动力，所以应该寻找成交量大的股票，越大越好。

● 许多超级赢家股票的股本回报率通常会是 30％、40％、50％或者更高，这证明该公司对资本的运用非常有效。还有其他主要基本面信息，如收益或产品销量有两位数或三位数的增长。股本回报率也通常作为一只股票成功的指标。

● 季度收益和销量增加是另一个强势股票的指标（Investors.com 网上有《股票医生》栏目，可以查看股票的基本面信息）。

● 比尔会记住一些基底图形，并能回忆起在以往的牛市中发生过什么样的状况。从 Investors. com 网上的《IBD 大学》栏目也可以学习到这些基本图表的情况。

● 只关注那些流动性好、每天至少交易 100 万股的股票，因为这是机构投资者会买入的股票。这些大机构必须构筑巨大的仓位，它们不能把钱投在无足轻重的公司上。

有人问比尔为什么能在每个股市周期中都找到最大的赢家股票，他总是谦虚地回答："我从没有那样想过。我要找的是这样的东西：在股票强势上行 4～6 周之后，你会发现收益高产品销量大的股票，并且开始形成较好的基底，但是，你还不能确定那一定会成为新一轮股市循环中的超级赢家股票。有些股票看上去很美，但其实并不理想。如果别的股票强势挺进，而你买进的股票表现不好，那你必须把手头的那些股票处理掉。这就像在花园做园艺一样：你得不断地修修剪剪，为的就是做到最好，找到最好的股票。如果你遵循了自己的原则，寻找收益和产品销量好的最佳股票，又有真正创新的产品，而且又形成了较好的基底图形，那么，你就会找到下一个谷歌或苹果。"

"我也犯过很多错误，如果一只股票表现不好，我就卖出。如果整体市场很好，你又买进了高质量的东西，那么你的股票也应该被看好，特别是在新牛市初期的时候。"

"最大的赢家股票应该很明显可以被看出来。最近 8 年来，苹果股票是表现最好的股票。我们没有完全从中获利，因为前三年是苹果公司起步的时候，收益并不是非常好。但是后来它的收益突飞猛进，我们开始了解苹果的产品极佳，也开始意识到这是个不同寻常、非常具有创新能力的公司。"

"每个新的牛市都会带来新的板块领军股票。作为投资者，你要做的部分工作就是找到谁是市场中的领军股票。看哪些股票的首发股在股市中占据主导地位，收益和产品销量都远远高于目前市场中的其他股票。这些股票大多会出现上《IBD50 排行榜》。"

> **· 管理钱财的要点 ·**
>
> ● 仔细找找哪些股票是股市真正的领军股票，把大钱投进去。
> ● 把投资在别的不太理想的股票的钱套现，投在赢家股票上。
> ● 考虑借钱来提高你的战斗力，但是只能在你非常有经验以后，在健康的牛市中才能这样做。

观　点

股市永远没有错，错的是我们的观点。

——杰西·利弗莫

不能跟从你的想法或感觉。你必须看实际发生的股市情况和领军股票的情况。

——威廉·欧奈尔

从股市传奇人物那里获得经验教训

● 设立目标，永远保持积极向上。

● 很多股市的超级赢家股票会把你震出股市。如果你发现那只股票真的是此次牛市的领军股票，你得找机会再次进场。

● 不要追股票；耐心等待股票再次给你信息，如出现另外一个基底图形或者反弹回 10 周均线。这些股票必须比股市中其他的股票表现强势，其表现是收益好、产品销量大。

终极乐观主义

保持积极的心态。你可以控制自己的态度。乐观主义精神是引领成功的信心。

——李小龙

"对那些愿意努力的人，机会随时都有。每一个周期都会有全新的发明或全新的公司来引领股市，这会改变它们所在板块的状态——总会有人想出更好的做事方法，每个新牛市都会有像谷歌和苹果这样的公司。"

"如果你学习了股市成功的经验，并将成功经验付诸行动，你就会成功，生活会得到改善，这一点都不奇怪。"

我们的成功之道

W·司科特·欧奈尔

20世纪60年代，我父亲创办了威廉·欧奈尔公司。当时的投资环境与现在有很大的不同，共同基金才刚刚出现，而今天，股市由各种各样的大基金主导着，每个人都可以在网上交易。这么多年了，无数的投资理论层出不穷。例如，我们从不相信的"买进—持有理论"，在20世纪八九十年代非常盛行，但是在过去的十年间，在经历了两个巨大的熊市之后，这个理论几乎销声匿迹了。机构投资者也有破产的，而且都是大机构。当比尔创办自己公司的时候，全国性的交易公司有许多，较出名的有：美林公司、富顿公司、迪恩·维特尔公司、希尔森·汉米尔公司、基德·匹博迪公司以及巴歇公司。还有人记得巴特曼·埃克勒，古博迪，海顿·斯通，米彻姆·琼斯以及比尔斯·斯德恩斯等公司吗？这些公司都消失了，或者变得完全让人看不出其面目了。大家都知道要让一家公司保持良好运营会有多难，在过去的十年间，很多公司被合并了，很多公司消失了。

那么，为什么我们威廉·欧奈尔公司可以经历 50 载的风风雨雨而屹立不倒，并且业绩不错呢？我们公司为什么能长期生存，并且扩展到全球，在洛杉矶、纽约、波士顿和伦敦都设有分公司呢？那是因为，从 1964 年开始，我们久经考验的理论，指导我们投资获利，该理论在全球范围都获得了印证。

我想明确地说明一下：我们不认为自己比业界其他同行更聪明，但是，我们比别人做得出色的地方是，我们关注市场动向，根据已经被历史证明的、正确周详的原则进行合理应对。我们用半个世纪的时间来研究与分析市场原则、市场的特色以及个股上下波动的情况，总结出了市场规律。我们在这些原则的指导下直接进行市场分析、挑选股票、管理投资组合。要想让长期的投资获得成功，你必须在这三个方面做得好，仅仅做好一两个方面还不行。

我们的原则似乎对大多数不看股票图表的投资者来说限制重重，因为他们没有认真对待股市供求关系这个单纯的机制。比方说，我们的研究显示，许多股票会在当季收益还在增长的时候触顶。所以，你不能单纯根据基本面信息来决定抛售的时间。你必须根据图表研究的技术数据做决策，因为股价下跌会比基本面信息变差出现得更快。

我们的原则中另一个要点是在损失了 7% 或 8% 的时候必须止损。在 2000—2001 年股市狂跌不止的时候，如果大多数的投资者在损失了 7% 的时候就止损，会是什么结果？或者，更理想的状况是，如果运用了我们的抛售原则，他们在 2000 年的前三个月就可以获得大利。几年之后，股市上空又开始乌云笼罩，我记得在 2007 年 11 月的时候，我把所有长期持仓的股票全部处理掉。之后很久才出现 2008 年的股市大崩盘。我们公司所有的投资管理经理都看到了机构投资者在抛售他们的股票，迅速离场。当标准普尔指数狂跌 50% 的时候，我们静静地手持现金在观望。

对大多数人来说，在股市中交易是一场非常严峻的考验。好的时候——非常好；差的时候——是一场灾难。我们的原则让我们免于陷入极端困境，这样的困境会让个人投资者损失惨重，让机构投资者受到重创。我们原则的第一步是用直接分析市场的方法辨明股市的整体走势。可能对某些投资者来说，这很简单——在股市上行时买进，不在下行时买——但是，正确认清整体走势是投资者最不擅长的事情。过去十年的例子就是很好的证明，波动不止的股市让大多数投资者吃尽了苦头。在这样的环境中，上行趋势非常短暂，通常在投资者对自己的持仓感觉良好的时候就结束了。但是，图表会给出明确的警告信号，我们的抛售原则会提醒我们要关注盘整期的动作，因为那时候股市方向开始要发生改变了。有时候，要根据图表的提示停止买入，并开始抛售，这并不容易，但是如果投资者稍有迟疑，通常都会遭受不小的损失。在上下波动的股市中经历过这样的打击，他们的资产很快就会消失。

还有整整一代的投资者，他们觉得不需要学习分析股市整体动向的能力。有些投资者 20 世纪 90 年代股市蓬勃向上的时候开始买进，在进入 2000 年以后，还拿 90 年代的眼光来看股市。很多人都坚持不下去了。在 2000 年 3 月之后才开始投资的人就比较有优势。他们已经了解了股市差的时候会有多差。了解股市的最糟糕情况对长期投资的成功至关重要。不少人不了解股市持续数十年的成功是特例，而不是普遍情况。他们认为需要有坚强的防御性投资，满仓操作，驾驭大赢家股票。这样做不对。长期的成功就像是好的运动连锁店，你既需要建立很强的防御系统，同时也需要积极出击。

我们的防御系统是一系列好的抛售原则，可以运用于普通股市，也可以用于个股，而通常个股的变化是非常微妙且难以捉摸的。我们的做法可能看上去比较死板，但是这些原则是经过历史验证的，其实恰恰给我们带来了非常大的灵活性。我们可以挺进、建仓、清仓，如果需要，我们也可以蓄势待发。这样的灵活性使我们一直雄踞股市正确的那一边——特别是在机会和真正的危险出现的关键时刻。1987年、2000年和2008年的时候就是如此，其间还有不少跌幅小于20％的时期。

说到底，保住本钱是过去十年来必须奉行的第一原则。很多投资者都损失较大，因为他们在思想上还没有从主动出击转变为防御性投资。他们一直关注如何赚钱，没有想过该如何守成。他们忘记了，做到不损失更为重要，而不是要极力多赚几个百分点。请记住，不管银行利率多么低，有现金总比没有好。

其他投资者的思想一直禁锢在某些观点上，如他们的钱必须为他们服务，即使在他们睡觉的时候也必须产生收益。这样的想法其实是没有错的，但是在股市里就显得不太实际了。此时我又想起了"买进—持有"的理论，这种理论就像叫你撒开双手，什么都不管，希望一切都会运行正常。然而股市不会运行正常（也从没有正常过）。如果出现了损失，需要花好大力气才能把损失补上，不管你的买入价是多少。

我们的原则让我们看得很清楚，哪只股票会是下一个领军股票。因为我们的方法是在全面分析19世纪末以来所有领军股票的基础上得出结果。其实，使用我们的原则来挑选正确的股票并不难。我们所有的产品都是帮助寻找新周期中冒出来的最好的股票的。我并不是说挑选股票就完全没有技巧了，而是说投资者可以更容易地把可选择的范围从几千只缩小到几十只。我们要找板块中真正的领军股票，要有强劲的短期与长期收益，股本回报率也必须高，同时税前利润也高。说到底，股票的基本面信息是不是特别优秀并不是特别关键的。我们投资的某些股票可能并不是人人皆知的大牌。通常它们会是上市不足12年的公司。我们通常会避开那些已经是大牌、已经在股市里呼风唤雨的公司。

在股市获得长期成功的最重要的一点是：要遵循一套计划周详的投资组合管理原则。在威廉·欧奈尔公司，我们的原则是久经考验的，可以指导如何进场，如何将风险最小化，何时积极交易，何时减仓，何时离场，如何在不利环境中观望。这最后一套原则使我们能够辨识正在触顶的个股或大盘，这也许是我们的原则中最独特、最强有力的技术。能坚持遵循抛售原则的投资者少之又少。一旦买进了股票，会有很多抵触情绪使投资者不想卖出股票。有时候有些人会拖很久。除此之外，股市还有一种神奇的力量，能够让人类暴露其本性的缺点，打垮所有人的自高自大。在股市中操作时，我们需要注意平衡心态，要谦虚，还要随时从错误中吸取教训。

通过我们的方法，我们有能力追踪领军股票的自然周期规律，这使我们能够随时把握最新状况。对于领军股票，我们能够及早辨识、买进并在上涨期间持仓一段时间，在上涨几乎结束的时候抛售（通常此时会有革新力量或者突破来超越先前的领军股票）。股票的图表都很相似，只是公司名称有变化，后浪不断推动着前浪往前进。这就是美国股市的性质。股市周期与美国企业就是靠企业家及其非凡的革新能力向前推进的。企业家是资本主义与就业的真正推手。只要企业家还存在，并且积极追寻他们的梦想，我们在 50年后以及更久远的时间里，就能继续参与他们的成功历程。请记住，未来会有很多巨大的机会，但是你必须做好准备工作，随时出击，抓住那些机会，获利了结。永不放弃。

克里斯·格塞尔访谈录

克里斯·格塞尔是 IBD 的执行主编与最高策略人士。他非常积极地帮助投资者。我请克里斯谈了谈他的投资方法。我在此也想介绍一下 IBD 的一些"幕后"工作。

艾米：克里斯，根据你这些年来的经验，投资者获得成功的最重要原因是什么？

克里斯：很多投资者只想在股市里挣到钱。他们发现自己好像无法在股市下行的时候退出。然而，买进股票最糟糕的时机就是股市整体盘整的时候。如果投资者在下行的时候继续买进股票，损失了金钱，他们最终会放弃并且离开股市。

成功的秘诀在于，要参与每一个股市，尤其是处于盘整阶段的股市。但是，很多人即使在没有损失的情况下，在这个期间也会没有兴致，开始变得悲观。那种感觉我很清楚，在股市下跌几周、几个月，甚至几年之后，要保持积极的态度确实很难。整天看着股票往下跌有什么意思？

这么些年来，我跟许多投资者交谈过，他们都在股市盘整期间完全离开了股市。其实，在股市盘整的时候，新的领军股票的下一轮增长周期会渐渐形成。这些公司会有好的收益数据、革新性强的报告，与股市的弱势背道而行。而且，这些新股票在股市开始反弹的时候最早开始上涨。

艾米：这些股票可千万别错过了。很多人都是在股市盘整期内观望，找到真正的领军股票，最终赚了大钱。

克里斯：没错。进入新牛市 3～6 个月后，那些悲观的投资者才注意到这些股票真的猛涨了。不过，此时为时已晚，领军股票已经纷纷突破，他们又错过了机会。所以，要随时关注股市。如果股市在盘整后开始进入上升期，你得迅速进场，还得把握住出现的大好机会。即使只有小规模的上涨，只要你遵循市场规则，密切关注那些领军的股票，你也可以赚很多钱。

艾米：我们很多人都会遵守这条原则。一旦了解了整体股市的原则，投资者下一步应该做什么呢？

克里斯：投资组合管理至关重要。如果你了解 CAN SLIM 选股和投资系统，就完全可以掌握每一个买进、持仓和抛售的原则。贾斯丁·尼尔森、大卫·钟和我都教 IBD 的三级培训课程，这是投资策略提高班的课程。这个课程的主要目的就是模拟交易，让投资者经历一下在真正的市场周期中买进和卖出的过程。你会把握正确的投资时机，找到最好的股票，学习到为什么在获利 20％～25％ 时就了结是明智的，因为这样你就可以一直赚钱。不是所有股票都会变成超级赢家股票，但是上行趋势中的领军股票会确确实实地带给你 20％ 的利润。如果你练就了功夫，就可以实实在在地抓住这些利润，你很快就会看到账户里的钱越来越多。

艾米：怎么才知道你找到了超级赢家股票？

克里斯：一个重要的原则就是持仓 8 周原则。如果某只股票开始突破，在 3 周内涨了 20％，你必须把这只股票持仓满 8 周，然后再做长线决定。这条原则的力量在于它能帮你安全通过长线的震荡期，然后帮你实现更大的利润。但是，对大多数股票不需要动用这条原则，它们一般会在5~6周内涨25%。如果你在这个时间点了结获利，你就能实实在在地赚到钱，并且可以开始寻找下一个突破的股票。另外，你抛出去的股票可能在几周或几个月后又形成一个基底，让你有再次买进的机会。你可以不断获得复合利润。这条原则之所以如此有效，是因为许多股票都会上涨20%~25%，然后进入盘整期，慢慢地又形成另一个基底。

艾米：在IBD的什么版面可以找到这样的股票呢？

克里斯：IBD每天都介绍很多新股。投资者必须每天都关注两个特色栏目。第一个就是《IBD50排行榜》，星期一和星期三出版。我们把具有最强基底信息和最佳价格表现的股票筛选出来。有一个小图表介绍这些股票，同时还介绍基底图形，也会提示潜在买入点。这些简单图表能够真正考验投资者看图表的功夫。另一个找到好股票的方法是关注《分析表格》。投资者可以查看板块中是否有表现最佳的股票。这些板块的领军股票是通过我们的优秀筛选工具提炼出来的，是多年来研究领军股票的成果。能够符合《板块领军股》所有条件的股票很少，所以，能上榜，就是值得你放进关注清单的股票。你必须分析这些图表，尽量多了解图表背后的故事。通常超级领军股票都会在缓慢上行的股市中出现，也会出现在《板块领军股》上面。

艾米：投资新手能不能通过这些特色栏目获得成功呢？

克里斯：在任何一个行业要取得成功都必须付出努力，但是IBD已经为投资者提供了很多资源，让投资者的工作变得更容易。全美国有数百个IBD读者俱乐部，读者可以分享其他成员的观点，参加我们专门为读者俱乐部安排的课程，还可以互相帮助，理解股市是如何运作的。2011年，我们还推出了另一个新的服务，叫《领军榜》。我觉得，《领军榜》就是个现场教学项目，它也为读者做了很多基础的工作。我们的股市分析团队会在《领军榜》上列举在 IBD 上已经出现的、符合大多数甚至全部 CAN SLIM 条件的股票。然后，我们看图表，看这些股票的基底，确定买入点、持仓点以及抛售点。

我们觉得非常欣慰，因为我们看到有投资新手通过我们的服务获得了成功。我们也看到有投资经理把我们的服务当作另一种意见加以参考，与市场进行对比。

我加入 IBD 以来，见过飙涨的牛市、猛跌的熊市和其他一切状况。每次一个新上行趋势出现的时候，我都会很惊讶地发现，大多数成功的股票都出现在 IBD 的股票关注清单上，或者有专题介绍过。这就是给大家提供的成功机会，大家必须自己抓住。

马修·加加尼访谈录

马修·加加尼是 IBD《笑傲股市广播》的主持人之一，也是 IBD 特刊的编辑。同时还是 Investors.com 上《每日股票分析》视频节目的主持人。

艾米：马修，我写《笑傲股市之成功故事》这本书的时候，你在写另一本姊妹篇：《笑傲股市——如何开始》。

马修：看了你书中的成功案例，我获益不少，这些投资者的成功让我热血沸腾。那些成功人士改变了自己的人生，因为他们学会了如何投资。所以读者也会很自然地问："我也要成功，那我怎么开始呢？"他们可能会考虑："我也能做得到吗？我有时间吗？我能学到那些人学到的东西吗？"我的书就介绍这些内容。我会介绍很多案例，一步一步介绍，还列举了核对清单，带读者一起学习必须知道的三大基础知识——买什么？什么时候买？什么时候卖？

另外，我们得现实点儿。大家参与投资，都希望能够赚到很多钱，但他们也害怕会血本无归，至少我是这种心理。不过，我会向读者介绍，如何设立比较实际、同时又是绝对可以实现的预期值。另外，我还会向读者介绍两个非常简单的原则，可以让你绝对不会蒙受巨大的损失。所以，如果你想立刻就投身股市，但是又有点害怕（这些想法都是很正常、很健康），我书里的核对清单就能够让你比较安全、比较合理地进入股市。

艾米：你跟 IBD 的总裁兼创办人比尔·欧奈尔一起密切合作，在 IBD 读者见面会上讲授系列课程，这些是 IBD 读者俱乐部成员专享的项目。能不能介绍一下这些课程？

马修：现在回想起来，我觉得《笑傲股市——如何开始》这本书也是我在得到了那些课程启发后才动笔的。我们的目标是设计一个简单易学的课程，帮助 IBD 俱乐部的成员一起学习必须掌握的投资概念。我们最主要的目的就是让大家能够理解，如何保护自己的资本，如何增加自己的资本。所以，我们的课程就包括以下主要内容：何时进场，何时离场？哪些是赢家股票的显著特色？如何使用图表来进一步辅助确定正确的进场和离场的时间？

每次上完一堂课，比尔和我都会对每一张幻灯片、每一个用词进行仔细分析。有些时候我觉得自己就像在跟史蒂夫·乔布斯设计苹果的产品一样——我们不断精雕细琢，直到把课程改到最简单，最容易让大家集中注意力为止。

我们因此而得到一个启发：投资是通过不同阶段的学习而获得的技巧。你不可能把所有东西都一股脑儿地教给别人，他们也无法全部搞懂，更不用说使用那些知识了。所以我们把课程设计成容易消化吸收的板块，让学员有机会能够消化。我们铺好一块砖，再铺下一块。

《笑傲股市——如何开始》就是用类似的方法写成的。如果你一步一步地学，在真正买入股票之前，你就知道该寻找哪些信息了。接下来，你需要知道买进那只股票的最佳时间。另外，在那个时候，你会学到一个特殊的卖出计划，可以帮你决定什么时候该获利了结，或者什么把损失扼杀在摇篮里。

我本人非常注重实战的学习方法。我不能光看书来学东西——我必须跳进股市去实战一下，只有这样才记得牢。所以，IBD 读者见面会的课程，还有《笑傲股市——如何开始》这本书都是用这样的方法写的。在每一章的结尾，我都会写上"行动步骤"，给你最明确、最简单的指示，让你巩固知识。这些指示可能会叫你去看一个 2 分钟的同样题材的视频，或者让你用某种方法来整理一个最佳表现股票的关注清单，等等。不管是什么，这些指示都会让你行动起来，开始把学到的原则和核对清单的制作方法运用于实践。

所以，艾米，我觉得，读者已经从你书里的成功故事中获得了启发，下一步就该来谱写他们自己成功的故事了。我承认自己有点王婆卖瓜的嫌疑，但是我知道，根据我自己的经验，阅读、学习《笑傲股市——如何开始》这本书，会是你受用一辈子的财富！

关于 IBD 培训班的对话

我曾经跟 IBD 的教育专家们讨论过在全美国范围开设培训班的事情。

拉夫·佩里尼是 IBD 的发言人，也是销售部的副总裁。乔纳森·霍华德是 IBD 教育部的副总裁，并负责付费培训班的事宜。贾斯丁·尼尔森是 IBD 的发言人，同时也和比尔·欧奈尔一起负责特别项目。他们三个人经常走遍全美，教授 CAN SLIM 投资系统。

艾米：请介绍一下 IBD 培训班，为什么会有不同级别的培训班呢?

拉夫：大多数投资者面临的最大障碍就是对股市的运作缺乏了解，所以我们才设计了四个核心培训课程。第一级培训班主要面对首次接触 CAN SLIM 投资系统的学员，他们需要了解如何解读股市，如何在正确的时间买股票，何时卖股票获利了结。这对初次接触 CAN SLIM 投资系统的人来说，非常重要。我们的首要目标是消除人们对股市的一些误解：买低卖高，或者买市盈率低的股票等。我们培训课程的主要基调是帮助投资者买基本面信息好且开始从基底突破的股票。我们教学员在股票上行过程中买入表现强劲并且已经被证明有实力的股票。我们还帮助投资者学到以实证为基础的投资系统，这是几十年来对表现最佳的股票进行研究得出的结果，我们研究的对象是从 19 世纪 80 年代到目前的股票。

贾斯丁：第二级培训班的课程由我和司科特·欧奈尔来向投资者介绍：如何判断股市触顶和见底，如何更正确地看股票图表来获得利益，还有，如何通过筛选技术来识别开始兴起的赢家股票。

乔纳森：第三级课程主要教投资者如何处理首次买入和最终卖出的情况。我们讲授持仓与抛售的高级技巧、管理投资组合的细微之处，以及交易后分析的重要性。最后，老师们会把所有的信息整合起来，通过一次特别的模拟交易，让学员在真实的环境中演练 CAN SLIM 投资系统。

拉夫：第四级课程是大师级的课程，授课人包括 IBD 的创办人比尔·欧奈尔，还有欧奈尔数据系统公司投资组合的管理经理。我们整合最好的财经人才，提供为期两天的集中全面的培训，可以把学员培训成为成功的投资者。

贾斯丁：除了这些培训班，我们还有其他三个特别的培训班：图表学校、股市学校和模拟股票高峰会议。

乔纳森：所有这些培训班都是为帮助投资者上升到另一个投资高度而设计的。但是，我们也了解到，有些人由于工作的关系，或者有出行的安排，无法前来参加这样的培训班，所以，我们把这些非常好的培训材料都整理起来，编制了《家庭学习课程》。

拉夫：我们是从 2004 年开始开设这些系列培训班的，已经有很多人参加了培训。

艾米：你们认为，为什么很多人在参加了这样的培训班之后会取得成功呢？

贾斯丁：大多数的投资者没有遵循一定的投资系统。他们买进股票的唯一基础就是他们的感觉，或者道听途说。我们在 IBD 系统与众不同。我们研究了股票为什么上涨，为什么会停止上涨，为什么会下跌。投资者学会之后，很清楚该如何寻找下一个潜在领军股票。

乔纳森：这些年来，我们听过很多吓人的故事，有人把毕生的储蓄都输光了，因为他们不知道遵循某个系统，或者他们听从了职业交易员的错误建议。我们的培训班系列课程教授投资者一个久经考验的系统，有很好的原则可循，是股市上行过程中可以依赖的赚钱工具。更重要的是，可以在股市下行的过程中保护你的本钱。我们希望投资者通过参加我们的培训班，可以有信心，能准备好应对股市抛给他们的任何问题。

拉夫：投资的另一个障碍是情绪，大多数投资者的投资都很情绪化。当他们买进了一只股票，股价开始下跌的时候，他们就会开始寻找借口，说股票会反弹。在 IBD 的培训班，我们会告诉学员一些既定的原则，可以让他们避免因为情绪而影响交易。我们通过多年的培训经验了解到，因为我们帮成千上万的投资者提高了他们的投资回报，他们对自己的财务状况和自己退休后的生活非常有安全感。

· 要牢记的重点 ·

市场走向决定一切

- 在市场确定上行的时候投资。大多数股票都跟随大盘上下，所以，在股市或领军股票上行的时候投资至关重要。

投资最关键的环节是保住你的本钱。

- 如果股价比买入价低 7%～8%，要抛售、止损，把损失控制到最小。让你的领军股票多涨一涨。

如果你严格遵循 CAN SLIM 投资系统，投资绝对能够成功

- 必须有一套原则。如果你遵循了 CAN SLIM 投资系统，可以在牛市中获得 20%～25%的利润。你的表现能够一定会超过平均水平。

- 本书中提到的成功投资者就是因为真的遵循了 CAN SLIM 投资系统，所以在股市获得了成功。不要再同时使用其他的方法和技术。夹杂其他方法会降低你成功的几率。

有用的信息

➤ 了解股市趋势

长期牛市与熊市

绵绵熊市可能持续 12～18 年，其间主要指数没有巨大的变化，股价可能会在某个阶段猛跌。之后可能会出现大牛市，可能为期 20～30 年。从 1990 年开始，大牛市的指数的增长率已经从 200％上升至 1 355％。

牛市和熊市周期

在整个过程中，牛市和熊市会交替出现，牛市周期平均为 2～4 年，熊市周期平均为 3～9 个月，在较特殊的情况下，熊市可能长达 3 年。

IBD 研究了 1890 年以来的 27 个牛市和熊市的周期（见图 A5—1）。

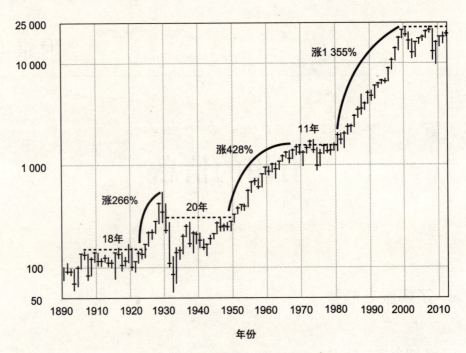

图 A5—1　股市表现：1890—2010 年

➤ 牛市与熊市周期内的上行与盘整

　　在牛市与熊市周期内，会有可交易的上行时间段，也有一些时间段股市回落或者在盘整（见图 A5—2、图 A5—3）。

　　● 每天看 IBD，关注《大画面》栏目。

　　● 在 Investors. com/IBDTV 上看《市场总评》视频。

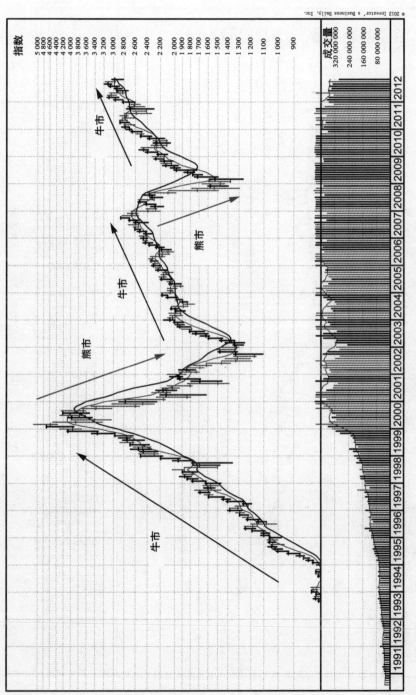

图A5—2　纳斯达克指数1991—2012年月K线图

© 2012 Investor's Business Daily, Inc.

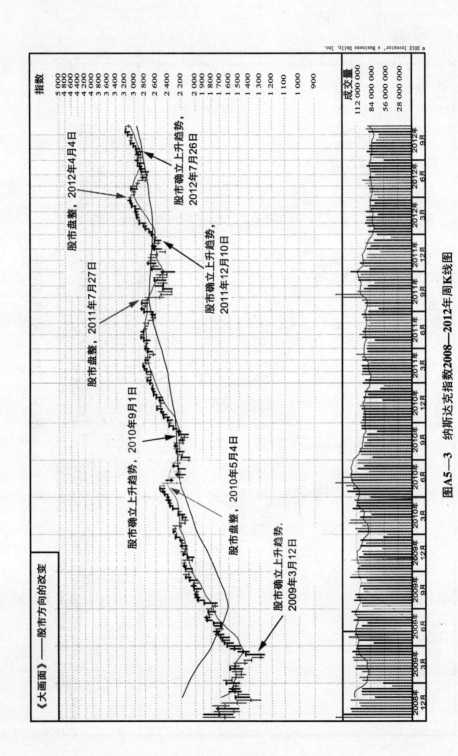

图A5—3 纳斯达克指数2008—2012年周K线图

➤ 艾米建议的每日 20 分钟固定功课

确定股市走势：

1. 看 IBD《大画面》的《股市脉搏》栏目。判断股市是上行还是下行。

2. 通过 Investors. com/IBDTV 观看《股市总评》视频，了解股市每日动态，掌握领军股票的状况。

如何寻找领军股票：

1. 看《IBD50 排行榜》（星期一和星期三出版）。建立接近潜在买入点的股票关注清单（细读每张图表下方的注解，帮助确定买入点）。

2. 查看 Investors. com 的《股票动态》栏目，看是不是有成交量大的股票。成交量大说明有机构投资者在买进。

3. 阅读《新美国》栏目的文章，了解创新公司的新产品、新服务。

4. 从 Investors. com 的《股票医生》栏目，查看股票的更多基本面资料。

➤ 艾米建议的周末一小时固定功课

1. 查阅《IBD50 排行榜》的时候，记下你不太熟悉的公司。在 Investors. com 上多了解这些公司的情况。你可以在"本网站"处输入"关键词"，寻找与该公司相关的文章与介绍。

2. 在 Investors. com/IBDTV 上观看《每日股票分析》视频，多学习如何看股票图表的知识。

3. 更新你的关注清单：

● 做好调查，随时准备好接近潜在买入点股票的关注清单，看是否有股票在基底以比平均水平大 40％的成交量突破。

● 考虑提前通知股票经纪人你的买入提醒点，如果股票达到买卖的提醒点，而且你又太忙，可以让经纪人代理买卖。

● 另列一张关注清单，记录那些尚未接近突破，但是已经在基底酝酿或已经做好盘整并蓄势待发的股票，特别是当这些股票已经被证明是股市的领军股票时。

4. 再读《笑傲股市》里的相关章节巩固知识，加深对 CAN SLIM 投资系统的了解。

➤ 每日附加功课

可以在你的每日固定功课上再加几条：

1. 看《股票聚光灯》栏目中的小图表。这个清单中股票的表现，远远超过标普 500 的平均水平，所以，每当有新公司名字出现，都值得继续关注研究。

2. 在《研究图表回顾》栏目中查看《板块领军股》，看领军股票在目前股市的表现情况。这些板块领军股票通常都有最佳的基本面资料，如收益高、产品销量大、股本回报率高等。

3. 阅读《行业趋势》栏目的文章，掌握行业板块内的领军趋势，或者，看是否有板块重心的转移。

4. IBD 的《新高清单》上会列举创 52 周新高的股票。IBD 的研究表明，创新高的股票通常还会继续走高。《新高清单分析》栏目则更详细地介绍新出现的公司及其基本面资料。

5. 看 IBD 在星期三刊登的威廉·欧奈尔介绍历史图表的专栏文章《如何找到并抓住美国最佳的机会》。

如果你想继续深造,请看《投资者园地》栏目。

附加周末固定功课

可以在你的周末固定功课上再加几条:

1. 阅读 IBD 星期五的《每周回顾》栏目中的小图表,寻找接近潜在买入点的股票。在 Investors. com 上查找这些公司的介绍文章。

2. 研究 Investors. com 上列举的股票的图表,或者使用 IBD 姐妹公司的产品——MarketSmith 高级图表工具服务。

3. 收听 IBD 的《笑傲股市》的广播,网上广播地址:Investors. com/ radioshow。

4. 研究《笑傲股市》一书中第一部分介绍的 100 只股票的图表,学习股市赢家股票的基底图形和周期等。

5. 每周在日记本上记录你的交易情况以及你当时对整体股市的看法。这对你年终进行分析总结会有帮助。

CAN SLIM 投资系统

C=当季每股收益增长率,至少同比增长 25%。

查看 IBD 版面:

●《股票聚光灯》图表

●《IBD50 排行榜》(星期一和星期三)

● 《成交量 20 强》图表（星期二）

● 《每周回顾》（星期五）

A＝每股收益年度增长率：过去 3～5 年的年增长率至少为 25％，股本回报率至少为 17％。

查看 IBD 版面：

● 《股票聚光灯》图表

● 《IBD50 排行榜》（星期一和星期三）

● 《成交量 20 强》图表（星期二）

● 《每周回顾》（星期五）

N＝有新产品、新服务、新高价位的新公司。

查看 IBD 版面：

● 《新美国》（每日）

● 《IBD50 排行榜》（星期一和星期三）

● 《互联网与科技》（每日）

● IBD《新高清单》（每日）

S＝供求关系。

与每日平均成交量进行比较，若某股票成交量大增，说明其需求增大。

查看 IBD 版面：

● 《成交量变动百分百》

● 《集散指标》

● 《股票动态》（报纸版、eIBD 和 Investors.com）

L＝判断某股是领军股还是落后股。

在每个板块和行业组里寻找表现最佳的股票，基本面资料和技术资料都

必须是最佳的。

查看 IBD 版面：

●《股票医生》（Investors. com）

●《IBD50 排行榜》

●《每周回顾》

●《52 周最高与最低股》

I＝机构投资者的支持度。

机构投资者掌握的往往是大钱、聪明钱。

查看 IBD 版面：

●《集散指标》

●《成交量变动百分百》

● Investors. com 上的《股票动态》栏目

M＝股市趋势。

整体股市目前走势是上行还是下行？

查看 IBD 版面：

●《大画面》

●《市场概览》视频（Investors. com 和 IBD TV）

2012－2014 年获奖书目

《页岩革命：新能源亿万富豪背后的惊人故事》

2014 年百道网中国好书榜、新浪好书榜推荐。

《福布斯》年度好书，从美国页岩亿万富豪创业史透视一场深刻的新能源革命。

《经济运行的逻辑》

2014 年百道网中国好书榜、新浪好书榜、《第一财经日报》金融阅读榜、《新京报》书香榜等推荐。

资本市场最具影响力的宏观经济学家高善文研究思路大起底，中国经济的另类分析框架。

《互联网金融手册》

2014 年百道网中国好书榜、《新京报》书香榜、教育部"中国高校出版社书榜"推荐。

中国互联网金融理论奠基人谢平最新力作，互联网金融理论和实践集大成之作，互联网金融浪潮下不得不读之书。

《中国影子银行监管研究》

2014 年《第一财经日报》金融投资阅读榜推荐。

银监会副主席阎庆民最新力作，对"影子银行"问题最权威的研究之一，欲了解中国影子银行问题不得不读之书。

《富国的逻辑》

2014 年《第一财经日报》金融投资阅读榜推荐。

法律专家独特视角揭示价值观与金融权力之间的隐秘逻辑。

《如果巴西下雨，就买星巴克股票》

2014 年《第一财经日报》金融投资阅读榜推荐。

读懂财经新闻、把握股市逻辑的最佳读物，投资大师吉姆·罗杰斯倾力推荐。

《最有效的投资》

2014 年《第一财经日报》金融投资阅读榜推荐。

畅销多年的投资经典，简单有效的低风险投资技巧，每周一小时，战胜专业投资者。

《正义的理念》

荣登 2012 年度《光明日报》好书榜、新浪网年度好书榜、凤凰好书榜、公民阅读榜等各大好书榜。

诺贝尔经济学奖获得者阿马蒂亚·森关于正义最重要的论述。

《大国兴衰》

荣登 2012 年度《第一财经日报》金融投资阅读榜、人民网好书榜。《天天新报》2012 年度图书排行榜经管类唯一入选。

国家博弈的深度解读，华尔街金融家揭示大国兴衰密码，启示中国转型路径。

《资本是个好东西》

荣获"2012 和讯华文财经图书大奖"年度财经图书奖。

中国老银行家对中国市场经济之路的回顾和展望。

财智精品阅读

01 《经济运行的逻辑》（精装）
作者：高善文
资本市场最具影响力的宏观经济学家研究思路大起底，中国经济的另类分析框架。

02 《互联网金融手册》（精装）
作者：谢平 邹传伟 刘海二
中国互联网金融理论奠基人最新力作，互联网金融理论和实践集大成之作，互联网金融浪潮下不得不读之书。

03 《中国影子银行监管研究》（精装）
作者：阎庆民 李建华
银监会副主席阎庆民最新力作，对"影子银行"问题最权威的研究之一，了解中国影子银行问题不得不读。

04 《经济指标解读》（珍藏版）
作者：伯纳德·鲍莫尔
投资者和职业经理人读懂经济数据必备，洞悉未来经济趋势和投资机会，对每一个经济指标的解读精妙、透彻。

05 《如果巴西下雨，就买星巴克股票》
作者：彼得·纳瓦罗
读懂财经新闻、把握股市逻辑的最佳读物，投资大师吉姆·罗杰斯倾力推荐。

06 《最有效的投资》
作者：阿兰·赫尔
畅销多年的投资经典，简单有效的低风险投资技巧，每周一小时，战胜专业投资者。

07 《读懂经济指标 洞悉投资机会》
作者：埃维莉娜·M·泰纳
价值极高的投资和商业决策参考书，理解经济运行必备。

08 《股市奇才不一样的技术分析》
作者：沃尔特·迪默
华尔街股市奇才半个世纪市场智慧的高度浓缩。

09 《金融创新力》
作者：富兰克林·艾伦 格伦·雅戈
沃顿商学院顶级专家作品，理解和运用金融创新的精髓。

10 《笑傲股市之成功故事》
作者：艾米·史密斯
讲述真实案例，帮助中小投资者学会实践投资宗师威廉·欧奈尔50年投资心得。

商界精品阅读

01 《毁灭优秀公司的七宗罪》

作者：杰格迪什·N·谢斯

探寻优秀公司衰落的七大败因，菲利普·科特勒等管理大师鼎力推荐。

02 《反向思考战胜经济周期》

作者：彼得·纳瓦罗

第一本专注于经济周期战略和策略管理的指导书，加州大学最受欢迎的 MBA 教授用商战故事讲述不一样的商业思维。

新声精品阅读

01 《4G 革命》

作者：斯科特·斯奈德

一场比互联网影响可能更大的无线技术革命已经来临，提供最具价值的 4G 时代商业建议。

02 《页岩革命：新能源亿万富豪背后的惊人故事》

作者：格雷戈里·祖克曼

《福布斯》年度好书，从美国页岩亿万富豪创业史透视一场深刻的新能源革命。

Amy Smith

How to Make Money in Stocks Success Stories: New and Advanced Investors Share Their Winning Secrets

0-07-180944-9

Copyright © 2013 by McGraw-Hill Education.

All Rights reserved. No part of this publication may be reproduced or transmitted in any form or by any means, electronic or mechanical, including without limitation photocopying, recording, taping, or any database, information or retrieval system, without the prior written permission of the publisher.

This authorized Chinese translation edition is jointly published by McGraw-Hill Education and China Renmin University Press. This edition is authorized for sale in the People's Republic of China only, excluding Hong Kong, Macao SAR and Taiwan.

Copyright © 2014 by McGraw-Hill Education and China Renmin University Press.

版权所有。未经出版人事先书面许可，对本出版物的任何部分不得以任何方式或途径复制或传播，包括但不限于复印、录制、录音，或通过任何数据库、信息或可检索的系统。

本授权中文简体翻译版由麦格劳-希尔（亚洲）教育出版公司和中国人民大学出版社合作出版。此版本经授权仅限在中华人民共和国境内（不包括香港特别行政区、澳门特别行政区和台湾）销售。

版权© 2014 由麦格劳-希尔（亚洲）教育出版公司与中国人民大学出版社所有。

本书封面贴有 McGraw-Hill Education 公司防伪标签，无标签者不得销售。

北京市版权局著作权合同登记号：01-2013-6358

图书在版编目（CIP）数据

笑傲股市之成功故事/（美）史密斯著；艾博译 .—北京：中国人民大学出版社，2015.1
ISBN 978-7-300-20438-3

Ⅰ. ①笑… Ⅱ. ①史…②艾… Ⅲ. ①股票投资-基本知识 Ⅳ. ①F830.91

中国版本图书馆 CIP 数据核字（2014）第 288493 号

笑傲股市之成功故事

［美］艾米·史密斯（Amy Smith）　著

艾博　译

Xiaoao Gushi zhi Chenggong Gushi

出版发行	中国人民大学出版社			
社　　址	北京中关村大街 31 号		**邮政编码**	100080
电　　话	010 - 62511242（总编室）			010 - 62511770（质管部）
	010 - 82501766（邮购部）			010 - 62514148（门市部）
	010 - 62515195（发行公司）			010 - 62515275（盗版举报）
网　　址	http://www.crup.com.cn			
	http://www.ttrnet.com（人大教研网）			
经　　销	新华书店			
印　　刷	北京中印联印务有限公司			
规　　格	180 mm×250 mm　16 开本		**版　　次**	2015 年 2 月第 1 版
印　　张	15.5 插页 1		**印　　次**	2015 年 2 月第 1 次印刷
字　　数	178 000		**定　　价**	49.00 元

版权所有　侵权必究　印装差错　负责调换